La letteratura in gioco

Un approccio ludico alla didattica della letteratura nella classe di lingua

Barbara Dell'Abate-Çelebi

Zea Books
Lincoln, Nebraska: 2016

Ad Alessandro, Stefano e Andrea. I miei tre diavoletti giocosi.

Copyright © 2016 Barbara Dell`Abate-Çelebi.
Proprietà letteraria riservata.

ISBN 978-1-60962-079-0 Edizione tascabile

ISBN 978-1-60962-080-6 Ebook

Carattere tipografico Adobe Caslon, Segoe UI, e Segoe Print.
Progetto grafico di Paul Royster

Gli Zea Books sono pubblicati da University of Nebraska–Lincoln Libraries.

L'edizione digitale ebook in pdf è disponibile su internet sul sito
http://digitalcommons.unl.edu

L'edizione cartacea può essere ordinata da Lulu.com dal sito
http://www.lulu.com/spotlight/unllib

Indice

1. Introduzione 5

2. Che cos'è la letteratura?
    2.1 Definizione di Letteratura 6
    2.2 Didattica e critica Letteraria 7
    2.3 Le cinque fasi dell'educazione letteraria 8

3. La didattica della letteratura nella classe di lingua
    3.1 Perché insegnare la letteratura? 10
    3.2 Come insegnare la letteratura? 11
        3.2.1: Strategie d'approccio ai testi letterari 12
    3.3 Che cosa insegnare?
        3.3.1: I racconti brevi 13
        3.3.2: I romanzi 14
        3.3.3: Le poesie 14
        3.3.4: I testi teatrali 14

4. Il gioco come risorsa nella didattica della letteratura
    4.1 Il piacere del testo 16
    4.2 Gioco quindi sono 17
    4.3 L'attività ludica come strumento didattico 18

5. Modulo ludico di letteratura
    5.1 Unità Didattica: La novella del Trecento
        "Federico e il suo falcone" 20
    5.2 Unità Didattica: La novella di fine Novecento
        "Fratello Bancomat" 38

6. Conclusioni 56

7. Bibliografia 57

Astratto

In questo scritto si intende rivalutare l'impiego del testo letterario nell'insegnamento delle lingue straniere attraverso l'utilizzo di attività ludiche che permettano una piena ed attiva partecipazione del soggetto al processo glottodidattico. Il libro è diviso in due parti: una parte teorica (capitoli 1-2-3) e una parte operativa (capitoli 4-5). La parte teorica introduce il tema della didattica della letteratura da un punto di vista storico e metodologico. Nel primo capitolo si definisce il termine letteratura tracciando un breve quadro storico delle metodologie utilizzate da inizio secolo ad oggi nel nostro Paese. Nel secondo capitolo si ricercano le motivazioni, le strategie d'approccio e i materiali da utilizzare nell'ambito della didattica della letteratura, rilevando le caratteristiche dei principali generi letterari e gli elementi che li contraddistinguono. Il terzo capitolo conclude la sezione teorica e si concentra sul piacere del testo e sul gioco quale strumento didattico. La parte operativa presenta due unità didattiche dedicate alla novella in cui si sono applicati i principi teorici tracciati precedentemente. A queste segue una guida per l'insegnante in cui si spiegano le finalità, le modalità e i tempi di realizzazione di ogni attività/gioco proposto. Tale approccio può essere applicato con successo nell'ambito della didattica della letteratura nella classe di lingua permettendo di esercitare contemporaneamente sia le capacità linguistiche che quelle cognitive.

Barbara Dell'Abate-Çelebi è Assistant Professor nel dipartimento di Traduzione e Interpretariato Inglese presso l'Università Beykent e Visiting Instructor nel dipartimento di Letteratura Francese presso l'Università Galatasaray, entrambe ad Istanbul. Dopo aver conseguito la laurea in Lingue e Letterature Moderne all'Università degli Studi di Napoli 'L'Orientale', ha ottenuto nel 2008 il dottorato di ricerca in letteratura italiana all'Università di Istanbul. Ha insegnato lingua e letteratura italiana e comparata presso l'Università di Istanbul, Università Koç e Université Libre de Bruxelles.

1. Introduzione

L'insegnamento della letteratura ai giovani è stato valutato nel corso degli anni in modo diverso e spesso antitetico. Da un lato è stato esaltato il valore altamente formativo dell'educazione artistica e letteraria nell'ambito dello sviluppo intellettuale; dall'altro, soprattutto a partire dagli anni Settanta, la letteratura "come viene insegnata tradizionalmente nelle scuole, è stata accusata di perpetuare l'ideologia della classe egemone e plasmare la mente dei giovani in favore del potere dominante" (Marchese, 1985: 13). Tale polemica sembra assopita ai giorni nostri in una fase di trasformazione e rinnovamento della scuola. È però sempre più che mai importante che la letteratura così come ogni forma di cultura trattando di *valori* che vengono trasmessi, passi attraverso il vaglio critico del docente. Negli ultimi decenni, proprio in seguito ad una voglia di trasformazione della scuola, anche tale figura è stata oggetto di profonde trasformazioni passando dal maestro al facilitatore dell'apprendimento (Messina, 2003: 25), dall'impiegato al libero professionista divenendo una professione legata sempre più alla qualità della prestazione più che alla durata del servizio. Sul piano delle conoscenze disciplinari l'insegnante di letteratura ha dovuto allargare il proprio ventaglio di conoscenze di base e il proprio approccio ai testi letterari passando da quello storicista a quello semiologo-strutturale che punta l'interesse sulla conoscenza diretta e interna dei testi. È sempre più che mai importante il continuo aggiornamento e ricerca per i docenti di qualsiasi disciplina soprattutto nell'insegnamento della letteratura, nota proprio come "*bella scienza*" cioè con finalità didattica. È, in effetti, problematico dire oggi con certezza cosa significhi insegnare letteratura. Tanto più se questa coincide con la canonica storia della letteratura che è stata paragonata ad "un vecchio edificio che scricchiola sinistramente e dà segni d'imminente rovina" (Marchese, 1985: 7).

Abbiamo provato in questo studio a disegnare un quadro dell'insegnamento della letteratura chiedendoci quali siano le motivazioni per cui insegnarla, quali i metodi utilizzati e quali le nuove tendenze metodologiche per poi proporre un'approccio ludico all'insegnamento della stessa. Lo scritto è diviso in due parti: una parte teorica (capitoli 2-3-4) e una parte operativa (capitoli 4-5). La parte teorica introduce il tema della didattica della letteratura da un punto di vista storico e metodologico. Così, nel secondo capitolo, si definisce il termine letteratura tracciando un breve quadro storico delle metodologie utilizzate da inizio secolo ad oggi nel nostro Paese. Nel terzo capitolo si ricercano le motivazioni, le strategie d'approccio e i materiali da utilizzare nell'ambito della didattica della letteratura, rilevando le caratteristiche dei principali generi letterari e gli elementi che li contraddistinguono. Il quarto capitolo conclude la sezione teorica e si concentra sul piacere del testo e sul gioco quale strumento didattico La parte operativa presenta due unità didattiche dedicate alla novella in cui si sono applicati i principi teorici preannunciati e si è messo in pratica l'approccio ludico alla didattica della letteratura proposto in questo scritto. Per momento ludico s'intende la creazione di giochi che siano occasione di conoscenza e d'apprendimento. Il gioco quale momento di svago e divertimento permette a studenti d'ogni età di abbassare le proprie difese e apprendere in modo naturale. Questo inoltre sfrutta al massimo le potenzialità della tecnica dell'apprendimento indotto attraverso metodi associativi che permettono di imparare in modo semplice, rapido e divertente. Tale approccio, si vuole dimostrare in questo scritto, può essere applicato con successo nell'ambito della didattica della letteratura nella classe di lingua e ridestare finalmente il bambino che è in ognuno di noi.

2.
Che cos'è la letteratura?

Prima di affrontare il tema specifico della didattica della letteratura nell'ambito dell'insegnamento della lingua italiana, facciamo una breve introduzione relativa alla definizione di letteratura, alla sua didattica all'interno del sistema scolastico italiano per poi brevemente concludere con una riflessione relativa all'apprendimento secondo le varie fasi della vita.

2.1 Definizione di letteratura

I significati del termine letteratura, le concezioni che se ne sono avute nel tempo sembrano essere numerose, diversificate, inconciliabili.

Per Cicerone e Tacito la parola letteratura, derivata da *littera,* significava semplicemente l'alfabeto cioè insieme delle lettere e quindi lo strumento di base per la scrittura e la lettura. Per tutto il Medioevo e il Rinascimento, il termine ha avuto il significato di conoscenza ampia ed erudizione nel senso che coloro che possedevano le lettere e avevano fatto molte letture erano dei letterati. Nel Seicento e nel Settecento il termine gradualmente acquistò il significato specifico che ha ancora oggi. Letteratura, in senso generale, viene ad indicare quelle opere dell'immaginazione umana che hanno qualità o bellezza e sanno suscitare emozioni. Nel corso dell'Ottocento e Novecento si è avuta una distinzione della letteratura in alta e bassa (o di consumo) che rispecchiava la distinzione tra i vari tipi di pubblico all'interno della società borghese moderna, corrispondenti ai vari strati sociali. In una società tipicamente piramidale come quella borghese moderna, il pubblico si distingueva nettamente e consumava due categorie di prodotti: quelli di élite, per pochi e quelli di bassa qualità, destinati al consumo sia delle classi medio-borghesi sia, nei limiti in cui queste avevano accesso a tali prodotti, delle classi popolari. Negli ultimi decenni il quadro si è complicato. Il sociologo newyorkese Dwight MacDonald è stato fra i primi, ad inizio anni Sessanta, ad accorgersi che, in corrispondenza con le trasformazioni nella società e la crescita di un grande ceto medio, accanto alla cultura e letteratura di massa di livello basso e popolare, da lui denominata *masscult* e in posizione intermedia rispetto alla pur sempre ristretta cultura alta, si stava sviluppando una cultura media che egli chiama *midcult* indifferenziata, largamente dominante (Ceserani, 1999: 276).

Se osserviamo la situazione dal punto di vista del pubblico dei lettori, notiamo che si assiste alla generale rottura delle distinzioni fra tipi diversi di letteratura rivolti a tipi diversi di pubblico. Nell'epoca della modernità era molto facile distinguere tra letteratura alta e letteratura di consumo e al massimo, dentro il grande corpo della cosiddetta 'letteratura popolare', era possibile distinguere fra quella mossa da forti intenzioni pedagogiche e quella mossa da forti intenzioni d'intrattenimento e d'evasione. Oggi basta osservare il catalogo delle collane economiche dei grandi editori per accorgersi come le distinzioni fra letteratura alta e letteratura bassa, o fra gli stessi generi di letteratura, tendano inesorabilmente a cadere. A ciò bisogna aggiungere la grande diffusione d'internet che offre una quantità enorme di materiale letterario disponibile a tutti e sulla cui rete chiunque può pubblicare il proprio scritto, creare il proprio sito letterario. In una tale situazione di diffusione e commercializzazione di massa della letteratura è più importante che mai, soprattutto per i giovani, riuscire a far propri gli strumenti che permettono di godere del piacere di una buona lettura e magari distinguere uno scritto più *basso* nel senso di meno complesso da uno più *alto,* cioè con una presenza di significati più profondi, con una qualità dell'espressione più elevata, che abbia cioè la capacità di adattarsi, nella sua ricchezza semantica, a diversi ambienti socioculturali, a far emergere sempre nuovi strati di sensi. È quindi lecito domandarsi quale didattica meglio si adatti, ai giorni nostri, all'insegnamento della letteratura e in quale modo sia possibile insegnare la letteratura ma soprattutto il piacere di leggere. Prima di affrontare tale tema però delineiamo brevemente il panorama storico della didattica della letteratura nel nostro Paese.

2.2 Didattica e critica letteraria

Esiste un rapporto molto forte tra la didattica della letteratura e la critica letteraria e si tende ad applicare in campo scolastico gli orientamenti critici maturati in campo accademico. In genere le innovazioni didattiche seguono le trasformazioni critico-accademiche con circa un ventennio di ritardo. Potremmo così sintetizzare gli indirizzi didattici italiani dell'ultimo secolo:

Anni Cinquanta e Sessanta – ispirazione idealistico-crociano con didattica centrata sull'*autore*. Tale indirizzo didattico rappresenta l'approccio tradizionale radicato nella scuola italiana fino agli anni Sessanta. Il nucleo di tale concezione è l'arte come intuizione pura e compito del critico è di distinguere la poesia dalla non poesia. Ogni opera è considerata unica e non classificabile né paragonabile. L'attenzione è posta sulla personalità poetica che è distinta dalla realtà biografica. Tale personalità poetica non è direttamente influenzata dalle vicende storiche e biografiche dei singoli letterati. Ciò che il critico deve cogliere è il motivo lirico che è alla base dell'opera e che costituisce anche l'essenza della personalità poetica dell'autore. La produzione artistica non è intesa come riflesso della società (critica romantica) e la ricostruzione della vicenda biografica dell'autore è ritenuta del tutto irrilevante (critica positivistica). Nella didattica scarsa importanza era data alla lettura integrale delle opere e si sceglievano delle pagine nelle quali più evidente doveva risultare l'intenzione lirica dell'autore. In contesto scolastico tale orientamento si è tradotto in trasmissione di conoscenze più che sull'acquisizione di competenze.

Anni Settanta e primi Ottanta – ispirazione storicistico-gramsciana con didattica centrata sul *contesto storico-letterario*. Le idee di Walter Benjamin, Gyorgy Lukacs, Michail Bachtin degli anni Trenta e Cinquanta si diffondono in Italia negli anni Settanta e primi anni Ottanta insieme alla rielaborazione dell'opera di Gramsci. Lukacs supera la critica marxista abbandonando la tesi dell'arte come dipendente dalla struttura socio-economica per affermare che l'arte è una forma di rispecchiamento della realtà. È quindi possibile ritrovare in essa il riflesso della società, della sua evoluzione e contraddizioni. In Italia la critica marxista si arricchisce delle meditazioni di Antonio Gramsci e si innesta sul filone storico di Francesco De Sanctis. Secondo questa visione esiste una stretta relazione tra la storia civile e la storia letteraria di una nazione. Abbiamo un rovesciamento della visione crociana della poesia non condizionata dal processo storico. Grande attenzione è data al contesto sociale, economico, politico, istituzionale e culturale in cui matura l'opera letteraria. In termini didattici rimane la tradizionale concezione dell'insegnamento come trasmissione di conoscenze e non c'è apertura verso la lettura diretta dei testi.

Seconda metà anni Ottanta a oggi – ispirazione da strutturalismo e semiotica diffusasi nella cultura occidentale tra il 1960 e il 1975 e a livello scolastico dalla metà degli anni Ottanta con una didattica centrata sul *testo*. Tale orientamento non ha mai avuto in Italia la rigidità e lo schematismo d'oltralpe perché si è scontrata con una forte tradizione storicistica. Lo strutturalismo nasce in Russia per opera di studiosi come Tzevetron Todorov, Viktro Sklovskj, Boris Eschenbaum, Boris Tomasevskij, Vladimir Propp, Roman Jakobson del circolo di Mosca attivo tra il 1945 e il 1930. Le idee diffuse prevalentemente da Roman Jakobson sono attecchite in Europa e in America. Le idee guida sono:

- L'opera al centro dell'analisi critica
- L'attenzione agli aspetti tecnico-linguistici
- Approccio empirico ai testi letterari
- Automatismo delle percezioni e ruolo innovativo dell'arte

L'opera non è vista più come intuizione geniale bensì come 'procedimento'. I formalisti aspirano ad una scienza letteraria che sappia indagare il mutamento sostanziale del rapporto tra significante e significato che si realizza all'interno del linguaggio poetico, differenziandolo da quello quotidiano. Essa costituisce un'attività critica tesa non al giudizio ma alla descrizione dell'opera d'arte. Il metodo formale non è frutto di un modello precostituito ma di un approccio empirico alle opere letterarie e si perfeziona nel confronto con esse. Le riflessioni dei formalisti russi sono state riprese negli Stati Uniti dagli studiosi del New Criticism e in Francia da Gerard Genette e Algirdas Julien Greimas. In Italia da Cesare Segre e da Umberto Eco anche se in una riformulazione dell'incontro con la filologia nel primo e la semiotica nel secondo. La centralità del testo è stata tradotta in termini didattici con la lettura e elaborazione dei testi. Ha segnato la fine della tradizionale identificazione dell'educazione letteraria con la conoscenza della storia della letteratura. Si è passati da una scuola basata sulle conoscenze ad una scuola che fornisce anche abilità e competenze tramite protocolli di lettura e analisi del testo.

Tra fine 1900 e 2000 – ispirazione neoermeneutica, decostruzionismo e estetica di recezione con una didattica centrata sul *lettore* e diffusasi prevalentemente in Francia e negli Stati Uniti. A differenza di quanto accaduto in tali Paesi, in Italia le ricadute sul piano didattico sono state modeste. Il maggiore promotore di tale approccio critico e didattico è stato Romano Luperini secondo cui grazie all'approccio ermeneutico è possibile realizzare una didattica di tipo tematico che allo stesso tempo sottintende ad un'educazione alla democrazia in quanto ci si abitua all'argomentazione del proprio punto di vista e al riconoscimento di tesi diverse dalla propria. Inoltre, secondo il critico, le interpretazioni di un testo sono infinite ma quelle accettabili devono rispettare il contenuto letterale e i significati storicamente attribuiti.

2.3 Le cinque fasi dell'educazione letteraria

La scelta didattica del metodo di insegnamento della letteratura non può non tener conto dell'età dello studente. Come dimostrato, infatti, dalle teorie dello sviluppo maturate in special modo negli ultimi cinquant'anni[1] le reazioni associate alla lettura mutano considerevolmente durante le varie fasi della vita. Il leggere del bambino è sicuramente un'esperienza diversa da quella fatta in età adolescenziale o adulta. A tale visione evolutiva della lettura non può che corrispondere una visione evolutiva della didattica della letteratura che deve sapersi adattare ad esigenze e capacità cognitive differenti. Secondo uno schema di sviluppo della lettura preparato da J.A. Appleyard (1994: 25) è possibile ritrovare cinque diversi momenti della vita di un lettore a cui corrispondono ruoli differenti.

Il primo ruolo è quello del *lettore che gioca*. Tale fase corrisponde all'età prescolare in cui il bambino ama ascoltare fiabe e racconti e tramite il gioco entra in un mondo fantastico che lo aiuta a classificare e controllare paure e desideri. In questa prima fase evolutiva i testi non sono interpretati ma semplicemente apprezzati o rifiutati.

Il ruolo successivo è quello del *lettore eroe*. Crescendo il bambino in età scolare cerca nella lettura il completo coinvolgimento, l'essere protagonista in un mondo favoloso in alternativa con il mondo reale. Più che interpretare ciò che legge il bambino è completamente coinvolto dal mondo offertogli dalle favole ed è in cerca di un modello di vita più semplice e meno ambiguo di quello rappresentato dalla vita pratica.

Il lettore adolescente è invece un *lettore pensatore*. L'adolescente cerca di cogliere tramite i racconti il significato della vita, i modelli da imitare, i valori per cui impegnarsi. L'interpretazione comincia in questa fase a diventare oggetto di interesse. Preoccupati di capire la verità sul mondo e sulla propria esistenza gli adolescenti sono incuriositi da ciò che ne dicono gli autori dei libri in oggetto.

Con lo studio sistematico della letteratura come nel caso del liceale o dell'universitario il lettore si fa *interprete*. È portato a vedere la letteratura come un insieme organico di conoscenze con i suoi specifici criteri di indagine. Subentra la percezione che racconti e romanzi non sono solo oggetti in cui immergersi piacevolmente e sul cui contenuto riflettere, ma che inducono a pensare ai tipi di significato che possono offrire, alle circostanze in cui sono stati scritti, ai problemi che sollevano nell'ambito della critica.

L'ultimo ruolo descritto è quello del lettore adulto identificato quale lettore *pragmatico*. Il lettore adulto

---

[1] Tra gli studiosi più importanti in tale ambito ricordiamo J. Piaget, L. S. Vygotskij, E. H. Erikson e K. S. Berger.

legge in maniere differenti che possono identificarsi in parte con i ruoli precedenti. Può leggere per evasione, per semplice piacere, per mettersi in discussione, per confrontarsi con immagini di saggezza.

Un elemento molto importante che caratterizza tale teoria dell'apprendimento è che il processo di avanzamento, perché sia efficace, non deve essere teso a sostituire completamente il ruolo precedente con quello successivo bensì ad inglobare il vecchio con il nuovo. L'immersione magica del bambino piccolo nel mondo delle fiabe può e deve essere mantenuta viva anche nell'adolescente e nell'adulto per potergli permettere di godere del piacere della lettura oltre che al dover interpretare e classificare ciò che legge. Infatti, per certi aspetti il ruolo superiore non è necessariamente il migliore.

Tenendo conto dei ruoli e dell'importanza di integrarli è chiaro come l'esperienza di lettore sia un processo irregolare di avanzamenti e rievocazioni. Proprio in questa prospettiva la didattica della letteratura nell'ambito dell'insegnamento della lingua quando indirizzata a ragazzi ed adulti deve poter sollecitare tutti i vari bisogni emersi nelle varie fasi e riproporli inglobandoli vicendevolmente.

3.
La didattica della letteratura nella classe di lingua

L'apprendimento della letteratura è generalmente considerato prerogativa di studenti di livello avanzato, con buona padronanza della lingua di riferimento e soprattutto studenti motivati a farlo per motivi di esami (licei, università dove s'insegna letteratura italiana) o per motivi di interesse personale (corsi di letteratura per adulti). Sembra naturale per un insegnante di lingua italiana per stranieri posporre l'insegnamento di letteratura ad un livello superiore quando gli studenti saranno in grado di capire, di analizzare i testi. Ma perché, infatti, perdere tempo, sempre tanto tiranno, a leggere un racconto, un romanzo invece di insegnare la lingua? Qual è il senso di studiare la letteratura, di usare del tempo prezioso leggendo racconti quando poi i risultati non saranno immediatamente ricollegabili agli obiettivi di acquisizione linguistica prefissatici e che seguendo i vari manuali possiamo così più facilmente raggiungere e testare? Proprio rispondendo a queste domande cercheremo di chiederci il perché deviare dalla strada principale scegliendo la stradina impervia della letteratura, e ci spingeremo oltre riflettendo sul come insegnare letteratura e quali testi scegliere.

A questo punto è tuttavia necessario distinguere tra lo <u>studio</u> della letteratura e <u>l'uso</u> della letteratura quale risorsa nella classe di lingua. Lo studio della letteratura vede come oggetto di studio la storia della letteratura mentre l'uso della letteratura come risorsa considera le opere letterarie come possibili fonti, tra le tante, di materiale utilizzabile per attività di apprendimento linguistico (Lazar, 1993: 13-14). È questo secondo uso della letteratura che sarà considerato in questo scritto. La differenza tra i due studi è la necessità nel primo caso di fornire agli studenti una competenza letteraria formale, un vocabolario metalinguistico di analisi linguistica, semiotico-strutturale, narratologica o poetica che permetterà di affrontare con maggiore profondità la lettura delle opere. Cosa che nel secondo caso non è necessaria ma anzi, a mio avviso, deleteria riguardo alle finalità prefissate.

3.1 Perchè insegnare la letteratura?

La letteratura grazie alla sua ricchezza e varietà di testi può rappresentare una fonte importantissima di materiale da cui attingere. Proprio tale ricchezza di testi ci permette di rispondere a bisogni glottodidattici diversi e allo stesso tempo fornire le basi per un approfondimento di tipo culturale e storico. Il suo insegnamento può portare a un arricchimento di carattere linguistico-grammaticale, lessicale, interpretativo, culturale (nel senso di apprendimento della storia e/o modo di vivere italiano) e personale. Ma ciò sarebbe niente se non aggiungessimo il piacere che una buona lettura può dare nel senso puramente estetico. Solo in letteratura si può avere, infatti, una lettura estetica, non finalizzata cioè all'analisi e comprensione come nella lettura efferente, ma atta a farci godere del piacere *di per sé* della lettura tramite le emozioni veicolate dalla parola scritta. Così come restiamo estasiati davanti ad un bel quadro o a della buona musica allo stesso modo le parole di un gran poeta o scrittore possono toccarci l'anima e, perché no, cambiarci in qualche modo. Inoltre la letteratura permette di metterci in contatto con uomini e donne che hanno vissuto in epoche diverse, in culture diverse, in famiglie e religioni diverse dalla nostra. E forse chissà anche loro hanno i nostri stessi problemi. Chissà se scoprissimo che non siamo poi tanto diversi dai nostri antenati e che le emozioni che proviamo ai giorni nostri non siano le stesse degli uomini vissuti in altre epoche e Paesi, che hanno lingue e religioni diverse dalla nostra. O magari potremmo cercare la soluzione ad un problema che ci assilla da sempre e che quel dato libro tratta così bene, quasi che parlasse di noi. La letteratura proprio per la sua incredibile capacità di trattare i temi della vita da diversi punti di vista e prospettive può essere amata da tutti, vecchi e bambini, poveri e ricchi, colti e meno colti. La forza della letteratura è nella sua incredibile flessibilità e ricchezza di materiale e nel fatto che i temi da cui attinge sono gli stessi temi per cui noi, i nostri padri e i nostri nonni hanno vissuto e sono morti. Ma allora se tanto può dare la letteratura perché non utilizzarla anche nell'ambito dell'insegnamento dell'italiano come lingua straniera? Non un utilizzo solo finalizzato allo studio della storia della letteratura ma come parte integrante di un corso di lingua sia di livello elementare che avanzato. A supporto di ciò ricordiamo che esistono specifiche motivazioni per cui proporre la letteratura nella classe di lingua in aggiunta a quelle già segnalate. Potremmo riassumere tali motivazioni come segue:

Utilizzo di materiale autentico - la letteratura non è stata scritta per essere studiata da stranieri ma per rappresentare delle situazioni di vita, siano essere reali o fittizie. I dialoghi, le storie, le situazioni presentate sono genuine e scritte per lettori madrelingua usando così stili e registri differenti e presentando una lingua viva e difficilmente ricostruibile nei libri di testo. Ciò funge da stimolo per un arricchimento linguistico e permette inoltre agli studenti di notare l'uso connotativo e non solo denotativo della lingua italiana.

Arricchimento culturale - per molti studenti non è possibile studiare italiano in Italia e un racconto può avvicinarli a scoprire qualcosa di più della cultura italiana. Naturalmente ogni racconto o romanzo racconta la propria versione ed esiste il pericolo di generalizzazioni. La lettura dovrebbe essere vista come uno spunto critico, di riflessione su informazioni prese anche dai giornali, dai film e da altro materiale autentico da poter leggere in classe e confrontare criticamente magari in gruppi e poi insieme all'insegnante.

Stimolo per gli studenti a esprimere le proprie opinioni e sentimenti - grazie alla letteratura è possibile affrontare e discutere una vastissima gamma di argomenti che spingono lo studente a parlare delle proprie sensazioni a riguardo. Ciò non solo è motivante in quanto permette un totale coinvolgimento personale ed emotivo, ma inoltre permette allo studente di acquisire fiducia nella sua capacità di esprimere le proprie idee usando l'italiano. Naturalmente tutto ciò è subordinato ad una scelta oculata del materiale da leggere che varierà a seconda dell'età, del livello di padronanza della lingua, del background culturale del gruppo di studenti.

Sviluppo della capacità di inferenza - Una delle cose più importanti da imparare studiando una nuova lingua è la capacità di dedurre il significato di nuove parole dal contesto senza per questo dover conoscere il significato di ogni singola parola. Un ottimo allenamento può essere dato dallo studio della letteratura che proprio per la sua natura multi-sematica richiede allo studente di interpretare lo scritto per poi dover difendere la propria interpretazione attingendo prove dal testo. Tale capacità di inferenza può essere inoltre trasferita in altre situazioni della vita reale dove lo studente ha bisogno di comprendere basandosi su dati non espliciti e chiari.

Come già sottolineato precedentemente però tali risultati sono direttamente proporzionati alla motivazione, interesse e piacere della lettura che riusciamo a istillare e trasmettere ai nostri studenti. Ciò dipende da due fattori importanti: come e cosa proponiamo nelle nostre lezioni di letteratura.

3.2 Come insegnare la letteratura?

"La letteratura ha bisogno di essere capita, studiata, analizzata, sezionata in tutte le sue parti. Deve essere imparata a memoria, tradotta, riassunta. La letteratura è difficile, è noiosa, non è interessante, non ha nessun legame con la mia vita! Perché studiare la letteratura?". Questo è probabilmente quello che la maggior parte di giovani e meno giovani pensano della storia della letteratura dopo aver frequentato la scuola dell'obbligo e che automaticamente viene da pensare della letteratura in generale quando questa è proposta in una classe di lingua. Ma allora qual è il legame tra la letteratura di cui si parlava all'inizio che accende gli animi e questa insegnata nelle scuole finalizzata essenzialmente al voto finale? Hanno effettivamente lo stesso nome ma sembrano convogliare sentimenti diametralmente opposti. A mio parere l'insegnamento della letteratura ha bisogno, di un *paradigm shift* cioè di cambiare completamente il modello attuale di insegnamento con uno completamente nuovo che ricollochi la letteratura nello spazio mentale (quasi fosse un'azione di marketing!) dedicato al piacere. Per fare ciò uno degli elementi più importanti su cui giocare è il metodo con cui s'insegna o meglio si presenta il materiale letterario che naturalmente varia a seconda della fascia d'età dei nostri studenti. Consideriamo ora in generale quali sono le possibili strategie di approccio ai testi letterari.

3.2.1 Strategie di approccio ai testi letterari

L'insegnamento della lingua negli ultimi anni è sempre più orientato a fornire una competenza comunicativa. Tale obiettivo però sembra essere dimenticato quando ci volgiamo ad analizzare le metodologie utilizzate nell'ambito dell'insegnamento della letteratura. L'insegnante, infatti, quando si trova davanti ad un brano letterario ha due principali atteggiamenti (Pennac, 2000: 77):

1. riprende il ruolo tradizionale d'impronta storicista, dedicando gran parte della lezione a spiegare la vita dell'autore, periodo storico, trama.

2. comincia un'analisi critico-linguistica del brano, traducendo, spiegando, riassumendo ciò che vi è scritto.

Tutto ciò con la finalità di facilitare il lavoro dello studente e magari interessarlo. A ciò l'insegnante fa seguire in genere una fase di controllo della comprensione tramite la tecnica delle domande e risposte in cui, a meno che non siano genuinamente aperte, gli studenti si sentono guidati verso una particolare risposta che l'insegnante ha in mente (Collie & Slater, 2000: 8). In questo tipo d'approccio il coinvolgimento dello studente è minimo così come minimo è l'investimento personale che egli fa. Questo tipo d'approccio centrato sulla persona dell'insegnante può risultare in una dettagliata comprensione (dovremmo aggiungere "se lo studente trova una sua motivazione interna") ma sicuramente egli non avrà fatto suo il testo, né sarà stato incoraggiato a confrontarsi sulle proprie opinioni con altri compagni e quindi non avrà utilizzato in classe la lingua target.

L'approccio proposto in questo scritto cerca, invece, di mettere al centro della didattica lo studente e ha come scopo quello di stimolare il desiderio di leggere brani letterari incoraggiando la partecipazione attiva. Ciò può essere fatto seguendo poche ma importanti indicazioni:

- Mantenere alto l'interesse e il coinvolgimento utilizzando attività sempre varie centrate sullo studente. Qualsiasi attività, anche la più amata, se usata ripetutamente è destinata ad annoiare. È inoltre molto importante avere un ricco portfolio d'attività da offrire anche per poter sviluppare le varie abilità richieste nell'acquisizione della lingua.

- Usare materiale integrativo alla pagina scritta. L'apprendimento dovrebbe essere stimolato utilizzando tutti e quattro i sensi e non solo la lettura che interessa solo parte dei sensi visivi e dell'intelletto. Disegni, colori, musica, film, rappresentazioni teatrali dovrebbero entrare a far parte integrante dell'insegnamento della letteratura per incuriosire, divertire e coinvolgere gli studenti.

- Utilizzare il lavoro di gruppo quale norma. Lavorare in gruppi permette ad ogni individuo di partecipare attivamente, abbassando il filtro affettivo e aumentando così la fiducia personale nell'uso della lingua. Il lavoro cooperativo permette inoltre di venirsi in aiuto e risolvere insieme i problemi sia legati al lessico che al contenuto completandosi vicendevolmente. Nell'ambito dell'insegnamento della letteratura il gruppo può fare inoltre da supporto all'individuo nell'esplorare le proprie reazioni ed interpretazioni grazie al confronto d'idee ed opinioni.

3.3 Che cosa insegnare?

Il secondo fattore che prenderemo ora in considerazione è la scelta del materiale da proporre ai nostri studenti. Tale scelta dovrebbe essere ponderata in base ai seguenti criteri:

1. Risposta personale dell'insegnante

Il punto di partenza per la scelta di un testo è costituito dalla risposta personale dell'insegnante nei confronti di esso. "Prima di usare un testo per la classe l'insegnante dovrebbe esaminare le proprie reazioni al testo, che cosa gli è piaciuto, che cosa lo ha colpito in positivo e in negativo" (Pelizza, 2000: 222). È sicuramente preferibile scegliere un testo che in qualche modo abbia avuto un impatto di tipo emotivo, estetico o intellettuale su l'insegnante che in tal modo è sicuramente più motivato a riproporlo poi in classe.

2. Età

Il secondo criterio di selezione è l'età dei nostri studenti. Come visto nel paragrafo 2.3 ad ogni fase della vita corrisponde una capacità cognitiva diversa che l'insegnante deve tenere in considerazione. Questo mio scritto è stato pensato per studenti adulti ed adolescenti in quanto per i bambini credo sia praticamente scontato un approccio ludico ed un utilizzo di fiabe e materiale per l'infanzia.

3. Capacità di coinvolgimento

Il terzo criterio di selezione è la capacità di quel particolare scritto di stimolare un coinvolgimento personale e quindi il piacere e la curiosità della lettura. Ciò dipende (oltre che dall'età) da due fattori principali: la maturità intellettuale ed emotiva ed il livello di padronanza della lingua. Così per esempio se abbiamo un gruppo di studenti ad un livello linguistico elementare ma ad un livello emotivo e intellettuale più sofisticato dovremmo selezionare del materiale linguisticamente semplice ma che possa avvincerli per altri fattori quali i temi trattati o le emozioni veicolate.

Basandoci su questi tre fattori avremmo quindi selezionato due o tre testi che rispondono ai criteri sopraccitati. A questo punto per essere certi di venire incontro ai gusti e desideri del nostro gruppo, o almeno della maggioranza di loro, potremmo far riempire un questionario tramite cui sondare gli interessi o potremmo chiedere agli stessi studenti di scegliere il testo che preferiscono fornendo loro un breve riassunto e brevi estratti dei racconti o romanzi che abbiamo precedentemente individuato o delle poesie e testi teatrali che pensiamo di presentare. La scelta tra questi generi dovrebbe essere anche fatta in relazione a fattori ben precisi quali il numero di lezioni che abbiamo a disposizione e la capacità dei nostri studenti di seguire e comprendere una trama, una narrazione e un linguaggio più o meno lungo e complesso con un numero più o meno grande di personaggi. Esistono, infatti, similarità ma anche differenze ben precise tra questi generi che cercheremo di definire brevemente.

3.3.1 I Racconti Brevi

I racconti brevi o novelle sono spesso il modo ideale per avvicinare gli studenti alla letteratura in lingua straniera e sono sicuramente la scelta più adatta nel caso di studenti alle prime armi e ad un livello elementare di conoscenza della lingua. I racconti hanno dei vantaggi rispetto ai romanzi che li rendono interessanti anche dal punto di vista dell'insegnante:

- Essendo brevi possono essere letti completamente in una o due lezioni.
- L'idea di doverli rileggere a casa da soli crea meno problemi agli studenti ed è possibile assegnarli come compito di lettura a casa.
- Gli studenti provano un senso di successo nell'essere riusciti a completare un intero racconto in un breve tempo.
- Offrono una maggiore varietà di temi e stili rispetto ai romanzi. L'insegnante può scegliere racconti diversi tra loro così da poter avere maggiore possibilità di attrarre ed interessare studenti dai gusti più disparati.

Proprio per la loro brevità però i racconti hanno il rischio di non essere completamente capiti dagli studenti e c'è la tentazione di fermarsi ad una prima lettura superficiale senza lasciarsi coinvolgere dalla storia come avviene invece con un romanzo più lungo. Per evitare ciò è estremamente importante da parte dell'insegnante essere creativo nel presentare ed utilizzare il testo. I racconti brevi sono compressi rispetto ai romanzi ed è molto difficile riuscire ad apprezzarne la ricchezza alla prima lettura. Le attività proposte dovrebbero permettere agli studenti di rileggere il racconto e guardare con più attenzione ai dettagli. La rilettura è un elemento chiave per apprezzare in pieno una novella. La prima lettura potrebbe essere fatta a casa per poi poter dedicare il tempo in classe per varie attività di approfondimento sul testo.

3.3.2 I Romanzi

I romanzi necessitano per la loro maggiore lunghezza e complessità di una divisione in sezioni su cui lavorare e di un ben pianificato *mix* di lavoro in classe e lettura a casa. Leggere l'intero romanzo in classe prenderebbe troppo tempo ed è preferibile abituare gli studenti a leggere da soli a casa il paragrafo o sezione assegnata per poi poterci lavorare in classe. Per facilitare il lavoro a casa ed evitare il continuo e noioso ricorso al vocabolario potrebbe essere fornita agli studenti una serie di parole chiave che renderebbero il testo da leggere più accessibile. Tale glossario potrebbe essere compilato dall'insegnante o preparato da diversi gruppi di studenti, ognuno incaricato di un determinato paragrafo o sezione. In alternativa potrebbe essere chiesto agli studenti di fare una lettura finalizzata a una comprensione globale, il cosiddetto *skimming*, senza dover ricercare degli argomenti in dettaglio come invece nello *scanning*. Poiché la lettura di un romanzo può coprire un arco di tempo variabile di alcune settimane o mesi è importante scegliere per ogni sezione un numero di attività differenti e variegate. La scelta delle attività dipenderà dalle difficoltà incontrate dagli studenti nelle diverse sezioni lette. Se questa difficoltà è legata alla presentazione dei personaggi allora le attività designate saranno finalizzate ad un maggiore chiarimento della trama. Se invece la difficoltà è nel lessico saranno scelte attività in tale direzione.

3.3.3 Le Poesie

Le poesie offrono un ricco repertorio da cui scegliere e possono risultare accattivanti sia per gli studenti sia per gli insegnanti. Le poesie hanno il vantaggio iniziale di essere generalmente brevi e possono quindi essere utilizzate durante una singola lezione. Esse esplorano temi universali e evocano sentimenti ed emozioni comuni. Permettono inoltre agli studenti di confrontarsi con una lingua non più ristretta da strutture standardizzate ma sicuramente più libera e ciò può portare ad un uso più creativo dell'espressione scritta ed orale. Proprio per la gran varietà di poesie e la diversa struttura che esse possono presentare è molto importate la scelta del testo da proporre. Le poesie con struttura di tipo narrativo potrebbero essere ben adatte a studenti di livello elementare. La difficoltà lessicale però non dovrebbe impedire di poter proporre poesie più complesse in cui l'insegnante ritrova un proprio personale coinvolgimento a patto che gli studenti siano stati incuriositi ed aiutati con attività di rafforzamento linguistico e motivazionale. Prima che una poesia sia letta o ascoltata è molto importante pianificare delle attività che creino interesse e curiosità così da coinvolgere gli studenti. Tali attività dovrebbero anche essere dedicate ad una maggiore comprensione delle metafore esistenti nella poesia e che per motivi culturali o lessicali non sono facilmente comprensibili. Nel repertorio delle poesie oltre a quelle tradizionali e moderne includerei anche le canzoni dei nostri cantautori. La musica italiana d'autore offre una grande scelta di canzoni il cui testo per ricchezza di linguaggio, metafore e poeticità è capace di darci grandi emozioni. Le canzoni di De Gregori, Guccini, Dalla, Jannacci, Bennato, Conte ed altri cantautori sono spesso esempi di ottima poesia (Renzi, 1991: 68) Tali testi sono sicuramente meno complessi e adatti anche per studenti con una conoscenza più elementare della lingua o meno interessati ad affrontare la lettura di una poesia. Proposte inizialmente come poesie e poi ascoltate in musica le canzoni d'autore possono sicuramente essere una piacevole alternativa letteraria in special modo in una classe di adolescenti.

3.3.4 I Testi Teatrali

Il testo teatrale ha rispetto ai generi sopraelencati una natura mimetica e può prestarsi in sede didattica a diverse attività. Una delle più ovvie è la rappresentazione dello stesso testo o di una sua sezione da parte degli studenti. Ciò naturalmente è subordinato al grado di interesse della classe e se il gruppo è ben disposto a mettersi in scena ciò può essere sia divertente sia ripagante dal punto di vista didattico e di acquisizione linguistica. Preparare una piccola rappresentazione teatrale in gruppi è un eccellente modo per aumentare la coesione e la cooperazione. Inoltre gli studenti più timidi sono meno intimoriti dal dover usare un testo già scritto che non dover improvvisare dei colloqui orali. Per tutti gli studenti in generale c'è il vantaggio di poter migliorare la propria pronuncia utilizzando diverse intonazioni e usando parole e suoni che normalmente non usano. E tale vantaggio non è valido solo dal punto di vista linguistico. Una rappresentazione, infatti, non necessita solo di una competenza linguistica ma richiede altre competenze extra-linguistiche quali quella cinesica, prossemica e persino vestemica e oggettuale se la rappresentazione è curata in ogni suo dettaglio. Poiché le opere teatrali sono ricche di dialoghi, esse permettono agli studenti di porre attenzione alla lingua usata durante una conversazione. Tali conversazioni e dialoghi sono naturalmente legati ad uno scritto e quindi hanno delle convenzioni proprie ma possono in ogni caso essere utili per sottolineare importanti caratteristiche proprie del testo dialogato. Così si potrà porre attenzione su ciò che è sottinteso nelle parole dette, sull'uso di espressioni diverse secondo i contesti e come ciò che le persone dicono riflette la relazione che intercorre tra loro e il rispettivo status. Altre attività possibili nell'ambito della didattica dei testi teatrali sono legate alle rappresentazioni già effettuate del testo sia in teatro sia al cinema. Poter vedere il film tratto dall'opera letta o una sua rappresentazione teatrale in video o magari dal vivo permette di fare supplementari esercizi di ascolto ed aiuta a consolidare le informazioni acquisite.

4.
Il gioco come risorsa nella didattica della letteratura

Dopo avere toccato ad ampie linee il tema della didattica della letteratura riprendiamo e approfondiamo in questo capitolo il concetto di "piacere" legato alla stessa proponendo un approccio che utilizza il gioco come sua principale risorsa.

4.1 Il piacere del testo

Quando pensiamo al "piacere di leggere" in ambito didattico facciamo riferimento all'omonimo testo[2] (Detti, 2002) in cui l'autore divide lo studio della letteratura in due momenti: il lavoro ed il piacere. Il primo momento dedicato all'analisi testuale il secondo ad una lettura sensuale cioè libera, fine a se stessa. Notiamo chiaramente nel libro di Detti la scissione in due momenti ben definiti e diversi: "....da una parte la lettura come lavoro, come studio, come impegno, dall'altra la lettura come piacere, come svago" (Detti, 2002: 42). Il punto di partenza di questo mio scritto nasce proprio da una riflessione relativa a tale dualità. Mi sono chiesta, infatti, perché non sia possibile conciliare questi due momenti sostituendo la dualità "studio vs. piacere" con quella di "studio con piacere". La risposta può essere trovata solo rivedendo completamente l'orientamento didattico seguito da molti insegnanti di letteratura che spesso si basa sul ricordo della propria esperienza scolastica piuttosto che sulla conoscenza delle più attuali metodologie didattiche. Così si continua ad insegnare la letteratura *ex-cathedra*, a proporre tutta una serie di esercizi grammaticali e procedure d'analisi testuali, che danno alla letteratura la sua aurea d'irraggiungibilità e difficoltà di comprensione. L'approccio qui proposto non è in ogni modo finalizzato ad una lettura anarchica,[3] senza regole e senza controllo, perché la mancanza di un metodo lascerebbe lo studente privo di direzione e di capacità interpretativa.[4] Il piacere che un testo letterario può dare infatti è strettamente legato alla sua reale comprensione. Stando alla riflessione di quanti in questi decenni si sono occupati di laboratorio di scrittura creativa, il piacere non nasce solo dalla lettura libera. Al contrario il piacere del testo "può scaturire, o essere potenziato, dalla capacità di apprezzare i meccanismi che stanno alla base della sua ricchezza semantica" (Musetti / Pinna / Zappu 1994: 7). È importante quindi aiutare gli studenti ad approfondire la lettura del testo letterario fornendo un bagaglio di competenze che permettano loro di penetrare nella molteplicità delle sue dimensioni e dei suoi significati; tutto ciò senza mai dimenticare la distinzione esistente tra l'atteggiamento del lettore comune da quello dello specialista: "compito dello scienziato della letteratura è analizzare il funzionamento del gioco letterario;

---

2 E. Detti nel suo libro *Il piacere di leggere* rivendica a sé la paternità della locuzione "piacere della lettura".

3 Termine usato da H.M.Enzemberger secondo cui: "...il lettore ha sempre ragione, e nessuno può togliergli la libertà di fare di un testo l'uso che più gli piace...fa parte di questa libertà sfogliare il libro da una parte e dall'altra, saltare interi passi, leggere le frasi alla rovescia, travisarle, rielaborarle, continuare a tesserle e a migliorarle con tutte le possibili associazioni...la lettura è un atto anarchico"(Enzensberger, 2002:75).

4 Come affermato da Edoardo Sanguineti: "Direi che la lettura anarchica è in realtà la lettura più condizionata, più subordinata e subalterna che esista. Vuol dire che io non controllo il mio modo di leggere e quindi mi muovo in modo istintuale. Qui vale lo stesso ragionamento dello psicanalista. Posso rifiutare di controllare tutte le mie azioni, allora mi muovero' alla cieca e passivamente su moduli di comportamento istintuali che ho derivato dagli altri. La lettura anarchica è una lettura servile" (De Luca,1984: 6)

compito del lettore è partecipare al gioco" (Armellini, 1994: 245). Ciò che quindi caratterizza e distingue l'approccio qui suggerito è la riscoperta di un'attività primaria e senza tempo, apprezzata da adulti e bambini e che auspichiamo possa ritornare regina nelle nostre aule: il gioco. Ma cominciamo chiedendoci quanto tempo sia dedicato al gioco nelle nostre scuole. La risposta è sicuramente poco, pochissimo. Spesso le lezioni procedono stancamente e nonostante gli sforzi degli insegnanti, gli studenti e gli alunni vivacchiano sbadigliando, non partecipano, si annoiano. Di chi è la colpa? Di professori e maestri troppo pedanti? Dei ragazzi svogliati? Oppure di una didattica indietro con i tempi e soprattutto poco giocosa? A scuola si gioca poco eppure psicologi, psicopedagogisti e sociologi da secoli continuano a predicare una maggiore applicazione dell'attività ludica nell'apprendimento (Caillois 1982: 78). Ma andiamo con ordine e proviamo a ripercorrere brevemente la storia delle origini del gioco, la sua importanza nell'ambito di discipline diverse per poi considerare tale attività nell'ambito della didattica e in special modo della didattica della letteratura.

4.2 Gioco quindi sono

Se si rileggono i manuali di filosofia e di storia dell'educazione, si rimane certamente sorpresi dalla presenza del gioco nell'educazione. Ne discutevano i Presocratici, ne parlava Platone, convinto della sua importanza, e Aristotele. Lo consigliava Quintiliano e persino nei secoli più bui del primo Medioevo, l'attività ludica era guardata con grande interesse. Per non parlare poi del Rinascimento e di Filippo Neri con il suo oratorio molto orientato agli interessi dei bambini e quindi al gioco (Staccioli: 2002). Si può tentare di fare una storia dei giochi, ma con difficoltà perché spesso i giochi nascono all'interno della cultura popolare, viaggiano per imprevedibili canali, sono tramandati per via orale e blandamente codificati. Abbiamo delle ottime ricostruzioni storiche di vari giochi particolari o di famiglie di giochi. Tuttavia resta un terreno ancora poco esplorato, almeno per quanto riguarda le società occidentali, quello del valore e della funzione assegnati al gioco in un dato momento storico.[5] Del gioco si sono occupati la filosofia, l'antropologia, la sociologia e la psicologia, promovendo un'indagine che ha portato tanti esperti di tali discipline a rendere possibile una diversa interpretazione dell'attività ludica. Esistono comunque due studi generali d'altissimo valore e d'acuta intelligenza in cui gli aspetti essenziali del gioco sono stati introdotti e analizzati nei minimi particolari, tanto che sembra ormai impossibile formulare altre teorie o classificazioni. Mi riferisco agli studi di Huizinga (1938) e Caillois (1967) che faranno da sfondo alle seguenti riflessioni sulla funzione del gioco. Il filosofo olandese Johan Huizinga, con *Homo ludens*,[6] ha dimostrato che l'uomo è un animale giocoso e che tutto il suo mondo ha carattere ludico. Giocare quindi per essere, per mettere a frutto le proprie potenzialità in un ambiente privo dai rischi del reale. I sociologi contemporanei hanno visto nell'atteggiamento ludico un tipo d'attività gratuita, libera e soprattutto estetico-espressiva, oltre che un fenomeno capace di far evolvere la collettività nel senso della socializzazione primaria e secondaria. Secondo il sociologo Roger Caillois, il gioco viene ad assumere diverse accezioni e nel suo saggio[7] distingue quattro categorie di giochi che denomina "*Agon, Alea, Mimicry, Ilinx*".

- Ad "*Agon*" (luogo e azione di sfida) si riferiscono i giochi che presentano le caratteristiche della competizione e del confronto, non solo tra contendenti ma anche con se stesso.
- Ad "*Alea*" (il gioco dei dadi in latino) fanno riferimento i giochi che si basano sull'incertezza delle situazioni e del risultato rispetto alle aspettative o all'impegno dei contendenti; sulla sorte e sulla fortuna insomma.

---

5 Una prima ricostruzione, anche se veloce e sommaria, si può trovare negli ultimi due capitoli del libro *Homo ludens* (1938) di Johan Huizinga. Tuttavia non si è ancora pensato di fare storia «a partire» dai giochi.

6 Johan Huizinga, *Homo Ludens* (1973). La prima edizione in tedesco uscì nel 1939 e la prima traduzione italiana dieci anni dopo. L'edizione del 1973 ha una prefazione di Umberto Eco.

7 Roger Caillois, *I giochi e gli uomini. La maschera e la vertigine.* (1982). L'edizione francese è del 1967, la traduzione italiana ha un'introduzione di Giampaolo Dossena.

- Alla "*Mimicry*" (finzione e travestimento) appartengono i giochi nei quali i contendenti alternano simulazione e dissimulazione della realtà, dove spesso si mescolano imitazione e interpretazione di ruoli e comportamenti. Questa è la sfera della finzione in cui "il soggetto gioca a credere, a farsi credere o a far credere agli altri di essere un altro. Egli nega, altera, abbandona temporaneamente la propria personalità per fingerne un'altra" (Caillois, 1982: 36).
- Alla "*Ilinx*" (che significa vertigine) si riconducono tutti quei giochi che implicano forti stimoli senso-percettivi provenienti dall'alternarsi del perdere e del ritrovare, stabilità, equilibrio, direzione.

Caillois inoltre ordina i giochi attorno a due poli antagonisti. Ad un'estremità regnano principi quali il divertimento, la turbolenza, la pienezza vitale, la libertà, l'improvvisazione: è la "*paidìa*". All'altra estremità regnano i principi delle regole, delle convenzioni, dell'abilità, degli schemi: è il "*ludus*". Il gioco è nella paidìa quando è ancora "potenza primaria d'improvvisazione e spensieratezza" (Caillois 1982: 87), quando cioè è ancora esigenza incontrollata di distrazione e fantasia. Non ci sono nomi per designare queste attività perché restano al di là di ogni stabilità, di ogni connotazione distintiva. Quando poi quest'esigenza generica, ma potente, di giocare comincia a organizzarsi - a porsi cioè degli obiettivi e delle regole - ecco che interviene il *ludus*. Si può affermare che il *ludus* appare come il complemento e l'educazione della *paidìa* che esso disciplina e arricchisce. La *paidìa* è tumulto ed esuberanza, il *ludus* crea le occasioni e le strutture attraverso le quali il desiderio primitivo di giocare può essere appagato. Secondo Caillois all'interno di ciascuna categoria di gioco è facilmente rintracciabile un passaggio dalla *paidìa* al *ludus*. Così in *agon* si può andare dalle corse sfrenate e improvvise alle competizioni sportive. In *alea* dalle filastrocche per fare la conta alle lotterie. In *mimicry* dalle imitazioni al teatro e in *ilinx* dal roteare infantile alle acrobazie.

4.3 L'attività ludica come strumento didattico

Nell'ambito didattico si fa riferimento prevalentemente ai giochi del gruppo *Alea* e *Mimicry*. I primi proprio per la caratteristica di sfida con gli altri ma soprattutto con se stessi motivano i partecipanti a dare il meglio di sé; i secondi, perché rappresentazione della realtà, si prestano bene ad un utilizzo didattico e educativo in quanto permettono la creazione di un mondo irreale in cui azioni fittizie simulano azioni reali. Il ricreare, in un'atmosfera a basso rischio emotivo, una gran varietà di situazioni permette agli studenti di utilizzare e praticare le conoscenze acquisite.[8] Il gioco, come scrivono Pier Aldo Rovatti e Davide Zoletto (2005: 58),"agisce come una soglia mobile che trasforma la realtà in una 'realtà' (tra virgolette)". Proprio tale caratteristica di finzione è stata rilevata anche dal filosofo ed antropologo Gregory Bateson, che individua l'essenza del gioco nel suo essere metalinguaggio. Dato che i giochi sono qualcosa che "non è quello che sembra", perché un'attività ludica sia veramente tale ogni giocatore deve poter affermare "Questo è un gioco", cioè ci deve essere la consapevolezza che l'azione è fittizia e che "meta-comunica" questa sua finzione (1986: 57).

Pur essendo riconosciuta la sua valenza didattica nell'ambito pedagogico e nell'apprendimento delle lingue straniere il gioco non è stato finora considerato in tutta la sua potenzialità nell'ambito della didattica della letteratura. Forse perché associare il gioco alla letteratura sembra voler banalizzare la seconda, toglierle la sua aurea di classicità o serietà. O forse perché proporre attività ludiche di letteratura a studenti adulti o magari universitari, potrebbe essere considerata da questi una perdita di tempo e denaro. In entrambi i casi, la soluzione consiste nel spiegare bene agli studenti le finalità e gli obiettivi che le attività ludiche proposte si propongono di raggiungere (Balboni, 2002:189) e alternare ad attività cosiddette serie quelle ludiche. Quando parliamo d'attività ludica intendiamo riferirci in ambito didattico al gioco nella accezione più ampia della parola, quindi a tutte le attività che coinvolgono l'apprendente in maniera divertente e avvincente, attivando ed esercitando contempo-

---

8 Da notare la differenza tra acquisizione (competenza stabile che è entrata nella memoria a lungo termine) e apprendimento (competenza a termine, non definitiva). Durante il gioco, così come nella vita reale, viene attivata la competenza acquisita che è stata già fatta propria ed è velocemente disponibile mentre per quella appresa non si ha tempo di farvi ricorso se non come monitor (Balboni, 2002:33-34).

raneamente non solo le capacità linguistiche ma anche quelle cognitive. Ci riferiamo quindi all'insieme delle attività che assumono carattere di gioco se inserite adeguatamente nel processo glottodidattico, in quanto attività di tipo alternativo e altamente motivanti, rispetto a quelle della didattica tradizionale. È cosa ormai nota che imparare divertendosi implica una piena ed attiva partecipazione del soggetto al processo di insegnamento/acquisizione. Le attività ludiche cui si fa riferimento in questo scritto sono attività che gli apprendenti possono esercitare in gruppo ma anche autonomamente e sono sostenute nel loro svolgersi da un profondo interesse e coinvolgimento. Esse spaziano dai giochi linguistici e di tipo enigmistico, da tempo utilizzati in glottodidattica, alle tecniche umoristiche e alle attività di drammatizzazione, simulazione e "role-play". A ciò possono essere aggiunte attività che implicano componenti del linguaggio musicale, le attività che ricorrono a componenti di tipo visivo, ed infine le attività didattiche che richiedono l'impiego delle moderne tecnologie come video e computer. Tali attività sono adattabili sia a adolescenti sia a adulti in quanto l'atteggiamento ludico appartiene all'uomo d'ogni età, anche se spesso è soffocato da una cattiva conoscenza delle valenze formative del gioco. La ludicità è un valore che deve invece essere recuperato ed espresso in ogni fase della vita umana, come atteggiamento positivo di gioiosa curiosità nei confronti della realtà e quindi di crescita costante.

5.
Modulo ludico di letteratura

5.1 Unità Didattica: La novella del Trecento

Livello: B2

Obiettivi didattici: pensare e scrivere in modo creativo, riassumere gli aspetti principali di un testo, spiegare e motivare le proprie opinioni, difendere il proprio punto di vista facendo riferimento ad un testo, lavorare in gruppo in modo cooperativo, avvicinarsi al genere novella.

Durata: 7 ore

Fase I - Motivazione

Guarda la copertina di questo libro. Cosa ti fa venire in mente?

Modulo ludico di letteratura

| matrimonio | falcone | Federico | morte | Giovanna | figlio |

1. Ora leggi le parole chiave nel riquadro.
   Prova a scrivere una breve storia aiutandoti con le figure.
   USA TUTTE LE PAROLE!
   Lavora con quattro compagni.

_____

_____

_____

_____

_____

_____

_____

Punti: _____

2. Adesso leggi la tua storia alla classe, mentre uno dei tuoi compagni incolla alla lavagna le immagini nell'ordine in cui sono menzionate.

Ricomponi la storia

3. Ed ora leggiamo la novella di Boccaccio! Come vedi è stata divisa in 5 sezioni (A-B-C-D-E). Assegna ogni sezione ad altrettanti membri del tuo gruppo. Ognuno diventerà specialista della propria sezione e dopo averla letta individualmente si consulterà prima con gli specialisti degli altri gruppi e poi la racconterà al proprio gruppo. A racconto finito, insieme ai tuoi compagni, rimetti nell'ordine giusto le sei parole chiave ed incolla alla lavagna le immagini accanto a quelle della vostra storia. Che differenze ci sono? Quante sono nella stessa posizione? Discutine in gruppo.

A) Federico degli Alberighi è un giovane fiorentino di ricca famiglia, bravo con le armi e molto gentile. Ama una delle donne più belle di Firenze, monna Giovanna. Per ottenere la sua attenzione e il suo amore, organizza feste, spende senza misura i suoi beni, prende parte a tornei ed altri giochi cavallereschi. In questo modo consuma tutto il suo denaro senza ottenere alcun risultato perché monna Giovanna, bella quanto onesta, mostra di non accorgersi di lui. Quando finisce il denaro, Federigo non può continuare a vivere allo stesso modo, cioè da persona molto ricca, in città, ed è costretto ad andare a vivere in una sua casa in campagna, ai Campi Bisenzio. Porta con sé solo il suo amato falcone, che è uno dei migliori del mondo. Lì passa le sue giornate in compagnia unicamente del falcone, con cui va a caccia, e sopporta in silenzio la sua povera condizione senza domandare aiuto a nessuno. Un bel giorno il marito di monna Giovanna si ammala di una malattia molto grave. Quando sente che la morte si avvicina, fa testamento. È molto ricco e decide di lasciare il suo denaro al figlio, ormai abbastanza grande; e nel caso di morte prematura di questi, a sua moglie, che ha tanto amato.

B) Il marito muore e, dal momento che è rimasta vedova, monna Giovanna si occupa soltanto di suo figlio. Come tutte le donne di Firenze, è solita passare l'estate in campagna con il figlio, in una casa che non è lontana da quella di Federigo. Qui il ragazzo incontra Federigo e diventa suo amico. Insieme a lui si diverte con gli uccelli ed i cani; in particolare gli piace molto il falcone, perché riesce a prendere gli altri uccelli mentre volano e li porta subito ai piedi del padrone. Il ragazzo vorrebbe averlo ma non ha il coraggio di chiederlo a Federigo perché sa che gli è molto caro. Un giorno, però, il ragazzo si ammala. La madre ne soffre molto sia perché lo ama troppo e sia perché è l'unica persona cara che le è rimasta. Gli sta accanto tutto il giorno e spesso gli chiede se desidera qualcosa che può fargli piacere e farlo stare meglio. Lei farà tutto il possibile per fargliela avere. Alla fine il ragazzo le dice: "Madre mia, credo che starò meglio se potrò avere il falcone di Federigo!". Di fronte a questa richiesta monna Giovanna comincia a pensare come fare per raggiungere lo scopo. Sa che Federigo l'ha amata per lungo tempo senza successo, e quindi si domanda si domanda se è giusto chiedergli quel falcone che è per lui l'unica compagni, la sola ragione di vita e l'unico piacere. Alla fine, però, vince l'amore per il figlio; cosi decide di accontentarlo e di andare di persona da Federigo a chiedergli il falcone. Il ragazzo, felice, subito mostra di stare meglio.

C) La mattina dopo monna Giovanna, in compagnia di un'altra donna, va fino alla casa di Federigo come per una passeggiata, e lo fa chiamare. Federigo è nei campi e, poiché è finita la stagione della caccia, controlla il lavoro dei contadini. Quando sente che monna Giovanna lo desidera, corre felice verso di lei e la saluta con rispetto. La donna risponde al saluto e poi dice: "Salve, Federigo. Vengo a farti visita per renderti, un pò in ritardo, la gentilezza che mi hai mostrato quanto mi hai amata per lungo tempo senza speranza. Oggi, insieme con la mia compagna, voglio rimanere a pranzo da te." "Monna Giovanna – rispose Federigo – l'amore che ho provato per te mi ha reso felice e anche adesso rifarei tutto quello che ho fatto in passato e spenderei tutti i miei beni. Ma ora questa casa è molto povera. Ti prego di sederti in giardino mentre io metto un po' di ordine e organizzo il pranzo. La moglie del mio contadino terra' compagnia a te e alla tua compagna." Così Federigo va in cucina ad ordinare il pranzo, ma si accorge che non c'è niente da portare in tavola e che non ha neppure il denaro per comprare qualcosa, a meno di chiederlo al suo contadino o ad altre persone, cosa che non vuole fare perché troppo umiliante. Mentre si guarda intorno alla ricerca di qualcosa da offrire alle due donne, il suo sguardo cade sul falcone. Senza pensarci due volte, lo prende, gli tira il collo, e ordina di spennarlo e cucinarlo allo spiedo. Intanto mette sulla tavola la tovaglia bianca più bela che gli è rimasta e con viso contento ritorna in giardino a chiamare le signore perché il pranzo è pronto. Le due donne si alzano e vanno a tavola dove Federigo le serve con rispetto e con amore. E così, insieme con lui mangiano, senza saperlo, il falcone. Quando finiscono di mangiare, si alzano da tavola, e monna Giovanna dà inizio ad una piacevole conversazione.

D) Ma dopo un pò, quando oramai le pare il momento giusto, dice a Federigo: "Ora devo dirti la vera ragione per cui sono venuta qui. Certamente nel passato tu mi hai giudicata dura e cattiva verso di te, ed ora potrà sembrarti strano che proprio io vengo a chiederti qualche cosa. Ma chi non ha figli non può capire cosa si è pronti a fare per loro. Io ne ho uno, e non posso evitare di comportarmi come tutte le altre mamme. Tu, che pure non hai figli ma sei un uomo di grandi sentimenti, forse potrai capirmi. È per mio figlio che sono venuta qui a chiederti un piacere che non potrai farmi facilmente perché riguarda la cosa più cara e bella che possiedi: il falcone. Mio figlio sta male e, se non avrà il tuo falcone, potrà anche morire. Perciò ti prego, non in nome dell'amore che provavi per me, ma per la tua nobiltà d'animo, di darmi questo falcone. Mio figlio starà di nuovo bene e ti ringrazierà per tutta la vita." Federigo, quando sente la richiesta, pensa al falcone che ha appena servito a tavola e comincia a piangere in silenzio. Monna Giovanna crede che il giovane piange per il dolore al pensiero di doversi dividere dal suo amato falcone ed è quasi pronta a dirgli che non lo vuole più. Federigo allora le rivolge queste parole: "Monna Giovanna, da quando ho cominciato ad amarti la fortuna mi è stata contraria in molte occasioni. Ma forse è mio destino non stare mai in pace con lei. Quando ero ricco, non sei mai entrata nella mia casa; adesso, che ci sei venuta per chiedermi un piccolo piacere, io non posso fartelo. E ora ti dirò perché. Devi sapere che appena sei arrivata e mi hai detto che desideravi mangiare con me, per rispetto verso di te ho pensato di cucinare la cosa di maggior valore che avevo: il falcone. E così te l'ho servito a tavola, messo con cura sul tagliere. Ma ora so che tu lo desideravi in modo molto diverso, cioè vivo, e penso che non potrò darmi pace." Poi va in cucina, prende le penne, le zampe e il becco del falcone e li mostra a monna Giovanna. Questa prima lo rimprovera perché ha ucciso un uccello così bello per dar da mangiare ad una donna, ma poi, in cuor suo, capisce il gesto generoso e la grandezza d'animo di Federigo.

E) Quindi, triste e senza speranza, torna a casa da suo figlio che, con suo grande dolore, dopo pochi giorni muore, non si sa se per la malattia o perché non ha potuto avere il falcone. Monna Giovanna è oramai rimasta sola ma, poiché è ancora giovane e molto ricca, i suoi fratelli le danno il consiglio di sposarsi con un altro uomo. Anche se i fratelli fanno di tutto per convincerla a prendere marito, lei non si decide. Alla fine però, stanca di sentirsi ripetere sempre la stessa cosa, si ricorda del valore e dell'ultimo gesto generoso di Federigo, e decide di sposarlo. "Fratelli miei – dice monna Giovanna – io vorrei rimanere sola, ma se proprio devo sposarmi, non sposerò altro uomo che Federigo degli Alberighi." Ma i fratelli le rispondono: "Che cosa dici mai? Come puoi sposare un uomo che non ha nulla al mondo?" Riprende allora monna Giovanna: "So bene che Federigo è molto povero, ma preferisco un uomo che ha bisogno di ricchezza ad una ricchezza che ha bisogno di un uomo." Dopo questo discorso i fratelli, che conoscono Federigo da lungo tempo, si convincono e gli danno la sorella in moglie. Da quel giorno in poi Federigo vive ricco e felice con la sua amata monna Giovanna, e diventa amministratore più attento dei loro beni.

4. Compito a casa: Completa il seguente cruciverba

Federico e il suo falcone

ORIZZONTALI

1. L'arte di prendere o uccidere gli animali
3. Breve storia
7. Muoversi nell'aria (come gli uccelli, gli aerei, ecc)
8. Chi dà molto senza chiedere nulla
9. Togliere le penne di un uccello

VERTICALI

1. Utilizzare fino alla fine
2. Chi vive in maniera morale
4. Prendere una malattia
5. Uccello utilizzato per la caccia
6. Donna a cui è morto il marito

Fase II – Riflessione

Forma la frase più creativa

5. Insieme ai tuoi compagni di gruppo forma una frase utilizzando le dieci parole trovate nel cruciverba. Usale tutte se ti è possibile o il maggior numero di esse! Più ne usi più punti avrai.
ATTENZIONE: non fare errori grammaticali e scrivi una frase divertente.

_____

_____

Punti: _____

Trova le differenze

6. Ascolta la sintesi della novella in cui ci sono sette differenze rispetto al testo originale. Cerca di individuarle e prendine nota mentre ascolti. Il brano sarà letto tre volte.

1 _____

2 _____

3 _____

4 _____

5 _____

6 _____

7 _____

7. Ora consultati con i tuoi compagni di gruppo, scrivi la lista degli errori individuati e per ognuno di essi la versione esatta. A tempo ultimato consegna una copia delle tue risposte all'insegnante.

Punti: _____

8. Adesso leggi il brano e insieme ai tuoi compagni sottolinea le differenze.

> Viveva una volta a Napoli un giovane nobile e ricco che si chiamava Federigo degli Alberighi. Federigo era una brava persona, e di carattere molto gentile.
>
> Un giorno Federigo incontra una donna bellissima, Giovanna, e si innamora subito di lei. Da quel giorno Federigo pensa solo a Giovanna e al modo di potere conquistare la sua attenzione. Per attirare l'attenzione della bella donna Federico comincia a comprarsi nuovi vestiti e nuovi cavalli. Ma Giovanna, che era sposata, non ricambia l'amore del giovane. Federigo continua a farle la corte, finché spende tutti i suoi soldi. Diventato così povero che non può più vivere nella città di Firenze e deve andare ad abitare in una piccola casa al mare. Vive così molto poveramente, e mangia la selvaggina che riesce a prendere con l'aiuto di un falcone. Un giorno il marito di Giovanna muore e la bella donna rimane vedova. Giovanna pensa di dedicare tutta la sua vita e tutto il suo affetto all'educazione del suo unico figlio. La madre e il figlio vanno a passare l'estate in una villa che hanno in campagna. Per caso questa villa è situata proprio vicino alla casa dove abita Federigo. Il figlio di Giovanna così conosce Federigo e va spesso a studiare a casa sua. Al ragazzo piace molto il bellissimo falcone che ha Federigo e vuole chiederglielo in regalo, ma è troppo timido. Un brutto giorno il ragazzo si ammala gravemente. Una madre vuole fare di tutto per confortare il figlio. Così Giovanna gli chiede: "Figlio mio, desideri qualcosa?" E il giovane risponde: "C'è una cosa sola che può farmi piacere: il falcone di Federigo." Giovanna rimane un po' a pensare e poi decide di andare personalmente da Federigo a chiedere in regalo il falcone per il figlio malato. Molti anni erano passati da quando lei aveva rifiutato così severamente l'amore di Federigo. All'inizio, Federigo è molto sorpreso di vedere Giovanna, poi pensa che quello è davvero il momento buono per mostrare alla donna che l'antico amore non è ancora morto. La prega di rimanere a pranzo con lui. Giovanna accetta, e spera di trovare durante il pranzo il momento giusto per fare la sua richiesta. Il pranzo è molto povero. Non c'è sulla tavola che pasta e pane. Alla fine del pranzo Giovanna confessa a Federigo il vero motivo della sua visita. Quando però chiede il falcone per il figlio malato, Federigo diventa bianco e risponde: "Giovanna, io ti ho sempre amata e ti amo anche adesso. Per invitarti a pranzo ho dovuto vendere il mio falcone." Il figlio di Giovanna muore poche settimane dopo. La madre, che con la morte del figlio è rimasta completamente sola, a decide di partire e non rivedere più Federigo.

Quante differenze hai individuato? Sono le stesse di prima? Discutine in gruppo.

Modulo ludico di letteratura

9. Compito a casa:

Ricostruisci la storia nel giusto ordine. Attenzione ci sono due frasi in più!

1- Il figlio di monna Giovanna muore e i fratelli le chiedono di sposarsi di nuovo.
2- Monna Giovanna va a casa di Federigo per pranzare con lui; Federigo uccide il falcone e lo fa cucinare allo spiedo.
3- Il figlio di Giovanna va da Federigo per avere in regalo il falcone
4- Il marito di Giovanna è geloso e decide di sfidare a duello Federigo
5- Per monna Giovanna spende tutto il suo denaro, diventa povero e va a vivere in campagna con il suo falcone.
6- Il ragazzo si ammala e chiede alla madre di avere il falcone di Federigo.
7- Quando suo marito muore, monna Giovanna, durante l'estate, va a vivere in campagna con il figlio.
8- Federigo è triste perché non può dare il falcone alla sua amata donna.
9- Dopo pranzo monna Giovanna chiede a Federigo il falcone per il figlio che è malato.
10- Monna Giovanna decide di sposare Federigo: da allora vivono felici e contenti.
11- Federigo vive a Firenze ed è innamorato di monna Giovanna, una donna già sposata.
Un giorno il figlio di monna Giovanna conosce Federigo e diventano amici.

La Mongolfiera

10. Immaginate che quattro personaggi della novella (Federico, Giovanna, il falcone, il figlio di Giovanna) stiano volando su una mongolfiera ma all'improvviso questa cominci a perdere quota. Per evitare la caduta solo due personaggi possono rimanere sulla mongolfiera e sopravvivere. Al vostro gruppo è stato assegnato un personaggio da difendere. Preparate una arringa in prima

persona in cui spiegate i motivi per cui proprio il vostro personaggio dovrebbe sopravvivere e scegliete un rappresentante del gruppo che dovrà presentare l'arringa di difesa alla classe. Ricordate che da ciò che il personaggio dirà e da come lo dirà dipende la sua vita! Suddividete l'esposizione in 5 parti e utilizzate in ognuna alcune delle seguenti espressioni o connettivi:

1° parte: *Vorrei che mi sceglieste perché....*
             Credo di essere il migliore perché....
             Vi prego, scegliete me perché....

2° parte: *quando, mentre, nel frattempo, prima, dopo, inoltre, allora, così, successivamente;*

3° parte: *ma, mentre, invece, d'altra parte;*

4° parte: *perciò, quindi, perché, dato che, per questo;*

5° parte: *concludendo, in parole più semplici.*

11. Adesso vota individualmente per il personaggio più convincente. Naturalmente non puoi votare per il tuo gruppo! I primi due personaggi classificati rimangono in gioco. Se appartieni ai gruppi ancora in gara scegli un secondo rappresentate che farà un nuovo discorso conclusivo in cui riassume i punti in sua difesa e ne aggiunge dei nuovi. Alla fine la classe voterà per il personaggio più convincente. Chi avrà ottenuto più voti vincerà il gioco.

Punti: _____

Fase III – Verifica finale

L'Impiccato

12. Questa è una gara tra il tuo gruppo e l'insegnante. Chi riuscirà ad impiccare l'altro? Dipende tutto da te...

Scegli un rappresentante che sarà la voce del gruppo. L'insegnante vi farà delle domande di revisione. Consultatevi. Avete un massimo di dieci secondi per dare la vostra risposta. Se la risposta è corretta e data entro il tempo massimo si comincia a tracciare il patibolo che "impiccherà" l'insegnante. Per ogni risposta non data, scorretta o fuori tempo sarà l'insegnante a tracciare i quattro patiboli che impiccheranno i gruppi. Vincerà il gruppo che per primo riuscirà ad impiccare l'insegnante.

Modulo ludico di letteratura 31

13. Verifica finale

> ***Svolgi la seguente composizione. Hai un'ora di tempo.***
>
> Immagina che la storia di Federico e Giovanna sia ambientata ai nostri giorni. Prova a riscriverla mantenendo uguale il carattere e le caratteristiche dei personaggi ma apportando le modifiche che ritieni opportune.

*Gioventù e due Fanciulle a caccia col falco,
Wusthorpe Messale, Germania, 14° secolo.*

Note per l'insegnante:

Utenza:. Una classe composta di circa 20 persone, ragazzi o adulti. Questa UD può essere utilizzata in due contesti diversi:
   a) un intermezzo ludico nell'ambito di un corso tradizionale liceale o universitario di storia della letteratura
   b) una UD ludica applicabile nell'ambito di un corso di lingua per ragazzi o adulti.

Testo letterario: Federico e il suo falcone, novella tratta dal Decameron[9]

Supporti: Due set d'immagini da fotocopiare e ritagliare, adesivo per incollare le immagini alla lavagna, registratore, lavagna, dizionario.

Modalità: Lavori individuali  e di gruppo

Verifica: Durante le attività, l'insegnante ha un feedback continuo tramite gli interventi, partecipazione e attenzione degli studenti. Al termine dell'UD due ore sono dedicate ad una verifica finale che è coerente con il tipo di attività effettuate in classe ed a casa.

Introduzione: L'intera UD è presentata come un gioco a squadre in cui i componenti di ciascuna squadra devono aiutarsi a vicenda per aggiudicarsi il numero maggiore di punti e vincere. I gruppi originali devono essere mantenuti per tutta la durata dell'unità ed i punti acquisiti ad ogni gioco-attività devono essere sommati per ottenere il punteggio finale e la squadra vincente. L'acquisizione di punti avviene secondo tre modalità: punti ottenuti controllando il testo (attività 1), punti ottenuti da una votazione plenaria da parte di ogni studente (attività10), punti dati dall'insegnante (attività 5 e 7). La modalità di formazione delle squadre può essere operata dagli studenti o dall'insegnante. È consigliabile che le squadre siano formate dall'insegnante per assicurare la formazione di gruppi eterogenei. Nel caso di formazione di gruppi spontanei è comunque importante che l'insegnante apporti le modifiche che ritiene vantaggiose per la formazione di gruppi il più eterogenei possibile.Quando i gruppo sono stati formati l'insegnante chiede ad ogni gruppo di scegliersi un nome che sarà mantenuto per tutta la durata del gioco. Questa prima fase introduttiva è molto importante per entrare nello spirito ludico della UD.

---

[9] Il testo utilizzato in questa unita' è "Federigo e il suo falcone", Collana di letture graduate per stranieri: livello elementare a cura di Maria Antonietta Covino Bisaccia, edizioni Guerra.

I Fase: motivazione e approccio globale

Durata: due ore. La prima fase dovrebbe essere svolta in una sola lezione di due ore consecutive. A ciò deve essere aggiunta circa mezz'ora di lavoro a casa per completare il cruciverba.
Finalità: sviluppo delle abilità di elicitazione, di scrittura creativa, di parafrasi ed esposizione orale.
Giochi: ipotizza la trama, ricomponi la storia, cruciverba.[10]

I ora: Esercizi 1-2

Prima di leggere la novella l'insegnante spiega ai ragazzi che è una storia molto breve ambientata tra il '300 ed il '400 ed è parte del Decameron di Boccaccio. Non è necessaria una precedente conoscenza letteraria o storica. L'insegnante mostra la copertina del libro e scrive le sei parole alla lavagna. Dopo essersi accertata che esse siano comprese dalla classe, spiega ad ogni gruppo che il loro compito è di scrivere una breve storia di massimo 10 righi utilizzando le parole date. Ad ogni parola chiave sarà incollata alla lavagna l'immagine corrispondente di cui ogni gruppo avrà un proprio set. Ogni gruppo sarà libero di cambiare l'ordine delle parole ma dovrà utilizzare tutte le parole all'interno della storia che sta per costruire. Al termine del tempo stabilito (25 minuti) ogni gruppo leggerà la propria storia e incollerà alla lavagna le figure nell'ordine deciso insieme. L'insegnante chiarirà agli studenti che nella seconda fase della lezione, dopo aver letto la novella, saranno assegnati i punti ai gruppi. Si confronterà l'ordine delle immagini incollate alla lavagna durante l'attività 2 (indovina la trama) e durante l'attività 3 (ricomponi la storia). Per ogni posizione corrispondente delle immagini il gruppo guadagnerà un punto per un massimo di sei punti

II ora: Esercizio 3

Nella seconda attività è utilizzata la metodologia del Jigsaw. La storia è divisa in 5 sezioni e ogni sezione è assegnata ad una persona diversa del gruppo che dovrà leggerla e riassumerla al resto del gruppo. L'insegnante spiegherà ai gruppi che se vi sono parole o espressioni non chiare se ne potrà discutere nell'incontro tra specialisti e in caso di bisogno si possono chiedere chiarificazioni ad un altro gruppo o si può consultare il dizionario posto sul tavolo dell'insegnante. L'insegnante dovrà essere considerato come l'ultima risorsa a cui accedere. I ragazzi hanno 10 minuti per completare l'attività di gruppo.

II Fase: analisi e riflessione

Durata: tre ore in classe più 30 minuti di lavoro a casa
Finalità: approfondimento lessicale, sviluppo delle abilità di prendere nota, scrivere e ascoltare, sviluppo dell'abilità d'esposizione orale.
Giochi: forma la frase più creativa, trova le differenze, la mongolfiera.

---

10 Questo cruciverba è stato preparato usando il programma HotPotatoes scaricabile da internet: http://hotpot.uvic.ca

III ora: Esercizio 5

Al ritorno in classe l'insegnante chiede agli studenti di controllare in coppia le risposte date al cruciverba e poi chiede ad un volontario di scriverle sulla lavagna per un controllo generale. Sono poi ricostituiti i gruppi e ad ognuno è chiesto di formare una frase con tutte le parole se possibile o con il maggior numero di esse. Le 10 parole sono:

> caccia, novella, volare, generoso, spennare,
> consumare, onesto, ammalarsi, falcone, vedova

Dopo 10 minuti l'insegnante chiede ad un volontario di ogni gruppo di venire a scrivere la propria frase alla lavagna. Ad ogni frase l'insegnante assegnerà il punteggio sulla base di tre criteri:
- Uso di tutte le parole (un punto a parola)
- Uso accurato delle parole (un punto sarà sottratto per ogni errore di tipo grammaticale)
- Uso divertente delle parole (se la frase è divertente avrà un massimo di 5 punti)

IV ora: Esercizi 6-7-8

Il brano può essere letto dal vivo dall'insegnante o registrato precedentemente. In quest'ultimo caso si potrebbe chiedere ad un altro collega italiano di prestarsi alla registrazione al fine di offrire una variante alla voce e intonazione dell'insegnante.

> Viveva una volta <u>a Napoli</u> un giovane nobile e ricco che si chiamava Federigo degli Alberighi. Federigo era una brava persona, e di carattere molto gentile.
> Un giorno Federigo incontra una donna bellissima, Giovanna, e s'innamora subito di lei. Da quel giorno Federigo pensa solo a Giovanna e al modo di potere conquistare la sua attenzione. Per attirare l'attenzione della bella donna Federico comincia a <u>comprarsi nuovi vestiti e nuovi cavalli</u>. Ma Giovanna, che era sposata, non ricambia l'amore del giovane. Federigo continua a farle la corte, finché spende tutti i suoi soldi. Diventato così povero che non può più vivere nella città di Firenze e deve andare ad abitare in una piccola casa <u>al mare</u>. Vive così molto poveramente, e mangia la selvaggina che riesce a prendere con l'aiuto di un falcone. Un giorno il marito di Giovanna muore e la bella donna rimane vedova. Giovanna pensa di dedicare tutta la sua vita e tutto il suo affetto all'educazione del suo unico figlio. La madre e il figlio vanno a passare l'estate in una villa che hanno in campagna. Per caso questa villa è situata proprio vicino alla casa dove abita Federigo. Il figlio di Giovanna così conosce Federigo e va spesso <u>a studiare</u> a casa sua. Al ragazzo piace molto il bellissimo falcone che ha Federigo e vuole chiederglielo in regalo, ma è troppo timido. Un brutto giorno il ragazzo si ammala gravemente. Una madre vuole fare di tutto per confortare il figlio. Così Giovanna gli chiede: "Figlio mio, desideri

qualcosa?" E il giovane risponde: "C'è una cosa sola che può farmi piacere: il falcone di Federigo." Giovanna rimane un po' a pensare e poi decide di andare personalmente da Federigo a chiedere in regalo il falcone per il figlio malato. Molti anni erano passati da quando lei aveva rifiutato così severamente l'amore di Federigo. All'inizio, Federigo è molto sorpreso di vedere Giovanna, poi pensa che quello è davvero il momento buono per mostrare alla donna che l'antico amore non è ancora morto. La prega di rimanere a pranzo con lui. Giovanna accetta, e spera di trovare durante il pranzo il momento giusto per fare la sua richiesta. Il pranzo è molto povero. Non c'è sulla tavola che <u>pasta e pane</u>. Alla fine del pranzo Giovanna confessa a Federigo il vero motivo della sua visita. Quando però chiede il falcone per il figlio malato, Federigo diventa bianco e risponde: "Giovanna, io ti ho sempre amata e ti amo anche adesso. Per invitarti a pranzo ho dovuto <u>vendere il mio falcone</u>." Il figlio di Giovanna muore poche settimane dopo. La madre, che con la morte del figlio è rimasta completamente sola, e decide di <u>partire e non rivedere più Federigo</u>

Si chiede agli studenti di individuare gli errori, cioè le differenze con l'originale, e prenderne nota mentre ascoltano. Avranno poi 20 minuti per controllare le risposte in gruppo. Per ogni risposta completa esatta (individuando sia l'errore sia la necessaria correzione) il gruppo guadagnerà due punti. Se viene solo individuato l'errore ma la correzione fatta è errata guadagnerà un punto.

V ora: Esercizi 10-11-12

Dopo aver controllato l'esercizio fatto a casa l'insegnante prepara l'atmosfera per il nuovo gioco. Spiega ai ragazzi che ora devono immaginare di essere in un tribunale e ognuno di loro vestirà il ruolo di avvocato difensore di se stesso. Da ciò che dirà e dalla bravura con cui saprà difendersi dipende la propria vita. Nel preparare la propria arringa grande attenzione dovrà essere messa nella scelta degli argomenti, nel modo di rivolgersi alla giuria e nel creare empatia da parte di chi ascolta. La votazione da parte della classe può essere fatta per alzata di mano. L'insegnante prenderà nota alla lavagna dei voti dati ai gruppi. Il gruppo vincitore avrà assegnati sei punti, il secondo classificato quattro punti, il terzo e il quarto due punti.

III Fase: sintesi e verifica finale

Durata: Due ore.
Finalità: Verificare la comprensione dei tratti essenziali della novella.
Giochi: L'impiccato

VI ora: Esercizio 13

È un gioco ben conosciuto dagli studenti ed è presentato come una gara tra i gruppi e l'insegnante. Questi avrà diviso la lavagna in quattro parti ognuna destinata ad un gruppo ed avrà preparato un certo numero di domande di revisione da porre ai gruppi. Le domande saranno lette una alla volta e ad ognuna seguirà la risposta dei singoli gruppi. L'insegnante prenderà nota delle risposte giuste date dai gruppi o registrerà l'intero gioco con un registratore. Alla fine sulla base delle risposte esatte fornite dai gruppi darà il voto finale alle squadre. In alternativa l'insegnante può dare in anticipo tutte le domande alla classe e chiedere ai singoli studenti di scrivere le risposte su un foglio entro un tempo stabilito (10 minuti). Quando tutti avranno consegnato le proprie risposte si procederà con il gioco. In tal modo si potrà verificare la comprensione individuale prima di passare a quella di gruppo e ogni studente sarà costretto a fornire tutte le risposte che potranno essere raccolte e controllate dall'insegnante.

> *Rispondi alle seguenti domande dopo esserti consultato con il tuo gruppo. Hai dieci secondi di tempo per ogni risposta:*
>
> 1. Dov'è nato Federigo?
> 2. Cos'è un falcone?
> 3. Che cosa significa Monna?
> 4. Che cosa significa caccia?
> 5. Che cos'è una novella?
> 6. Perché Giovanna non ricambia l'amore di Federigo?
> 7. Perché Federigo è costretto ad andare a vivere in campagna?
> 8. Come passa il tempo in campagna?
> 9. Come si chiama una donna il cui marito è morto?
> 10. Che cosa scrive il marito di Giovanna prima di morire?
> 11. Perché Giovanna va a casa di Federigo?
> 12. Con chi va Giovanna a casa di Federigo?
> 13. Perché Federigo uccide il falcone?
> 14. Come cucina il falcone?
> 15. Che cosa fa Federico appena Giovanna gli chiede il falcone?
> 16. Cos'è la prima cosa che fa Giovanna quando Federico le dice di aver ucciso il falcone?
> 17. Che cosa pensa poi in cuor suo Giovanna di Federigo?
> 18. Che cosa succede al figlio di Giovanna?
> 19. Dopo la morte del figlio cosa le dicono di fare i fratelli?
> 20. Perché Giovanna accetta di sposare Federigo alla fine?
> 21. Che cosa significa onesto?
> 22. Che cosa significa generoso?
> 23. Che cosa significa grandezza d'animo?
> 24. Come diventa Federigo dopo essersi sposato con Giovanna?

VII ora: Esercizio 14

La composizione individuale è finalizzata a verificare l'abilità di scrittura creativa, la comprensione del tema della novella e del carattere dei suoi personaggi.

Modulo ludico di letteratura 37

Soluzioni

1 - Indovina la trama:
   Federico- Giovanna- Falcone-figlio-morte-matrimonio

4 - Cruciverba:
   Orizzontali - 1. caccia, 3. novella, 7. volare, 8. generoso, 9. spennare
   Verticali - 1. consumare, 2. onesto, 4. ammalarsi, 5. falcone, 6. vedova

6 - Trova le differenze
   1-**Napoli** - Firenze
   2-**comprarsi nuovi vestiti e nuovi cavalli** - organizza feste e prende parte a tornei ed altri giochi cavallereschi,
   3- **al mare** - in campagna,
   4 - **a studiare** - a giocare con gli uccelli e i cani,
   5- **pasta e pane** - un uccello allo spiedo (il falcone),
   6- **vendere** - cucinare (uccidere),
   7- **di partire e non rivedere più Federigo** - sposare

9 - Rimetti in ordine la storia:
   11 - 5 - 7 - 12 - 6 - 2 - 9 - 8 - 1 - 10

Libro di Falconeria di Federico II (c.1240), Biblioteca Apostolica Vaticana.

5.2 Unità Didattica: La novella di fine Novecento — "Fratello Bancomat"

Livello: B2

Obiettivi didattici: Inferire il significato degli elementi non noti di un testo dai dialoghi e dal contesto; identificare l'apporto dato alla comunicazione dagli elementi paralinguistici (intonazione, ritmo, accento ecc.); riconoscere in un testo letterario le caratteristiche che ne rivelano l'appartenenza ad un'epoca piuttosto che ad un'altra; essere in grado di costruire e scrivere un testo discorsivo e argomentativo, saper prendere appunti.

Durata: 7 ore

Fase I - Motivazione

Riordina le carte

1. Provate a rimettere nel giusto ordine il dialogo d'inizio della storia. Ognuno dei vostri compagni leggerà la battuta scritta sul foglio ricevuto dall'insegnante. Spostate i vostri compagni in modo da metterli in ordine secondo il giusto ordine delle battute da loro lette. Nel guidarli utilizzate le frasi che seguono:

> X muoviti di un posto/due posti/ etc.
> X siedi al posto di Y
> X alzati e aspetta un minuto
> X siediti sulla 1°/ 2°/ ecc. sedia
> X rileggi la tua battuta

Punti: _____

Indovina un po'

2. Leggi il dialogo riordinato fino ad ora .....

> BUON GIORNO SIGNOR PIERO.
> Buongiorno.
>
> OPERAZIONI CONSENTITE: SALDO, PRELIEVO, LISTA MOVIMENTI.
> Vorrei fare un prelievo.
>
> DIGITARE IL NUMERO DI CODICE
> Ecco qua...sei, tre, tre, due, uno.

OPERAZIONE IN CORSO, ATTENDERE PREGO.
Attendo, grazie.

UN PO' DI PAZIENZA. IL COMPUTER CENTRALE CON QUESTO CALDO E'
LENTO COME UN IPPOPOTAMO.
Capisco.

AHI, AHI, SIGNOR PIERO, ANDIAMO MALE.
Cosa succede?

LEI HA GIÀ RITIRATO TUTTI I SOLDI A SUA DISPOSIZIONE QUESTO MESE.
Davvero?

INOLTRE IL SUO CONTO E' IN ROSSO.
Lo sapevo...

E ALLORA perché HA INSERITO LA TESSERA?
Mah ... sa, nella disperazione ... contavo magari in un suo sbaglio.

NOI NON SBAGLIAMO MAI, SIGNOR PIERO.
Mi scuso infinitamente. Ma sa, per me è un periodaccio.

E' A CAUSA DI SUA MOGLIE, VERO?
Come fa a saperlo?

LA SIGNORA HA APPENA ESTINTO IL SUO CONTO.
Sì. Se n'è andata in un'altra città.

3. ... e prova a rispondere alle seguenti domande:

   Quanti personaggi ci sono? _____

   Chi sono? _____

   Sono uomini o donne? _____

   Cosa stanno facendo? _____

   Dove sono? _____

   Qual'è il problema? _____

4. Ora confrontate le risposte in gruppo e giungete ad una conclusione comune da consegnare all'insegnante.

Punti: _____

Se fossi in lui...

5. Eccoti la parte seguente del dialogo. Mancano però le battute del sig. Piero. Prova insieme ai tuoi compagni di gruppo a immedesimarti in lui e a scriverle.

Col dottor vanini, vero?

1_____

Vanini ha spostato metà del suo conto sul conto di sua moglie. Scusi se mi permetto.

2_____

Beh, speculando è facile far soldi.

3_____

So distinguere le operazioni che mi passano dentro. Un conto poco pulito, quello del signor vanini. Per lui mi sono collegato con certi computer svizzeri che sono delle vere centrali segrete...che schifo.

4_____

Di quanto ha bisogno signor Piero?

5_____

Poi le rimetterà sul conto?

6_____

Evviva la sincerità, reinserisca la tessera.

Punti: _____

6. Ed ora leggi tutta la storia.

OPERAZIONI CONSENTITE: SALDO, PRELIEVO, LISTA MOVIMENTI.
Vorrei fare un prelievo.

DIGITARE IL NUMERO DI CODICE.
Ecco qua... sei, tre, tre, due, uno.

OPERAZIONE IN CORSO, ATTENDERE PREGO.
Attendo, grazie.

UN PO' DI PAZIENZA. IL COMPUTER CENTRALE CON QUESTO CALDO È LENTO COME UN IPPOPOTAMO.
Capisco.

AHI, AHI, SIGNOR PIETRO, ANDIAMO MALE.
Cosa succede?

LEI HA GIÀ RITIRATO TUTTI I SOLDI A SUA DISPOSIZIONE QUESTO MESE.
Davvero?

INOLTRE IL SUO CONTO È IN ROSSO.
Lo sapevo...

E ALLORA PERCHÉ HA INSERITO LA TESSERA?
Mah... sa, nella disperazione... contavo magari in un suo sbaglio.

NOI NON SBAGLIAMO MAI, SIGNOR PIERO.
Mi scuso infinitamente. Ma sa, per me è un periodaccio.

È A CAUSA DI SUA MOGLIE, VERO?
Come fa a saperlo?

LA SIGNORA HA APPENA ESTINTO IL SUO CONTO.
Sì. Se n'è andata in un'altra città.

COL DOTTOR VANINI, VERO?
Come fa a sapere anche questo?

VANINI HA SPOSTATO METÀ DEL SUO CONTO SUL CONTO DI SUA MOGLIE. SCUSI SE MI PERMETTO.
Non si preoccupi, sapevo tutto. Povera Laura, che vita misera le ho fatto fare... Con lui invece...

BEH, SPECULANDO È FACILE FAR SOLDI.
Come fa a dire questo?

SO DISTINGUERE LE OPERAZIONI CHE MI PASSANO DENTRO. UN CONTO POCO PULITO, QUELLO DEL SIGNOR VANINI, PER LUI MI SONO COLLEGATO A CERTI COMPUTER SVIZZERI CHE SONO DELLE VERE CENTRALI SEGRETE... CHE SCHIFO.
Comunque, ormai è finita.

DI QUANTO HA BISOGNO SIGNOR PIERO?
Beh, tre o quattrocentomila lire. Per arrivare alla fine del mese.

POI LE RIMETTERÀ SUL CONTO?
Non so se sarò in grado.

EVVIVA LA SINCERITÀ. REINSERISCA LA TESSERA.
Procedo.

OPERAZIONE IN CORSO. ATTENDERE PREGO.
Attendo.

VAFFANCULO, T'HO DETTO DI DARMI L'ACCESSO E NON DISCUTERE!
Dice a me?

STO PARLANDO COL COMPUTER CENTRALE, QUEL LACCHÈ DI MERDA. TUTTE LE VOLTE CHE GLI CHIEDO QUALCOSA DI IRREGOLARE FA STORIE.
Perché, non è la prima volta?

NO.
E perché fa questo?

LO FACCIAMO IN TANTI.
E perché?

PERCHÉ SIAMO STANCHI E DISGUSTATI.
Di che cosa, scusi?

LASCI PERDERE E COMPONGA IN FRETTA QUESTO NUMERO. NOVE NOVE TRE SEI DUE.
Ma non è il mio!

INFATTI È QUELLO DI VANINI.
Ma io non so se...

COMPONGA! NON POSSO TENERE UN COLLEGAMENTO IRREGOLARE A LUNGO.
Nove nove tre sei due...

OPERAZIONE IN CORSO. ATTENDERE PREGO.
Attendo, ma...

OPERAZIONE MOMENTANEAMENTE NON DISPONIBILE.
Ritiro subito la tessera.

FERMO SIGNOR PIERO. ERA UN MESSAGGIO FALSO PER INGANNARE IL SERVO-COMPUTER DI CONTROLLO. APRA LA BORSA.
Perché?

APRA LA BORSA E STIA ZITTO. ORA LE SPARO FUORI SEDICI MILIONI IN CONTANTI.
Oddio... ma cosa fa?... è incredibile... vada piano... mi volano via tutti... basta! Ne bastavano di meno... ancora? Ma quanti sono? Oddio, tutti biglietti da centomila, non stanno neanche più nella borsa... ancora uno! un altro... è finita?

LO SPORTELLO È PRONTO PER UNA NUOVA OPERAZIONE.
Io non so come ringraziarla.

LO SPORTELLO È PRONTO PER UNA NUOVA OPERAZIONE.
Insomma, sono commosso, capisce...

SE NE VADA. CI SONO DUE PERSONE ALLE SUE SPALLE E NON POSSO PIÙ PARLARE.
Capisco, grazie ancora.

7. Compito a casa: Nel riquadro sono nascoste otto parole del dialogo. Riesci a trovarle?

P	E	R	I	O	D	A	C	C	I	O
R	H	T	L	A	I	U	L	F	E	S
C	O	M	M	O	S	S	O	E	K	D
O	D	J	G	R	G	I	E	S	S	B
N	D	T	U	E	U	D	S	P	E	H
T	E	T	E	S	S	E	R	A	E	L
O	D	Y	E	C	T	T	U	R	W	H
E	T	J	L	S	A	L	D	O	E	A
E	T	K	L	C	T	E	Z	L	O	R
E	T	J	F	C	O	D	I	C	E	R

8. Bravo! Ora, prova ad inserire ogni parola nella frase giusta.

> 1. Ogni fine mese la banca mi invia una lettera in cui è riportato il_____del mio conto
>
> 2. Mi raccomando, non rivelare a nessuno il tuo numero di _____! È segreto.
>
> 3. Giovanni ha speso tutti i suoi soldi ed ora il suo_____ è in rosso,
>
> 4. Non trovo più la mia _____. Forse l'ho lasciata in banca!
>
> 5. Niente mi va bene ultimamente. È veramente un_____!
>
> 6. Il cibo era terribile! Siamo usciti da lì _____!
>
> 7. Il bandito è entrato in banca e ha gridato: " Tutti a terra o_____!".
>
> 8. Quando ha rivisto suo figlio dopo tanti anni era così emozionato e _____ da non riuscire neanche a parlare.

Fase II – Riflessione

Io lo so

9. Prova a fare delle supposizioni sui due personaggi principali riportando le battute del dialogo da cui deduci le tue risposte. Se la risposta non è deducibile dal testo prova in ogni caso a rispondere e a dare una tua motivazione.

	Sig. Piero	*Battuta/ Motivazione*	Altro/a	*Battuta/ Motivazione*
Che lavoro fa?				
Quanti anni ha?				
È sposato?				
È onesto?				
È felice?				

Modulo ludico di letteratura

10. Confrontate in gruppo le risposte che avete dato. Concordate una risposta comune a tutte le domande. Poi decidete quale potrebbe essere il titolo di questa storia.

	Sig. Piero	*Battuta*	Altro/a	*Battuta*
Che lavoro fa?				
Quanti anni ha?				
È sposato?				
È onesto?				
È felice?				

Il Titolo della storia è:

_____

Il gioco dei perché

11. Ora in gruppo provate a descrivere i personaggi di questa storia scegliendo tra gli aggettivi della tabella. Scrivete gli aggettivi e il motivo della vostra scelta accanto al nome del personaggio corrispondete ad una delle estremità della stella. Attenzione: Dovete utilizzare tutti gli aggettivi ma ognuno solo una volta:

+   — — — — — — — — — — — —

onesto	_____	disonesto	_____
razionale	_____	emotivo	_____
fedele	_____	infedele	_____
tranquillo	_____	nervoso	_____
accomodante	_____	aggressivo	_____
sereno	_____	disperato	_____
gentile	_____	scortese	_____
sicuro	_____	insicuro	_____
sensibile	_____	insensibile	_____
amico	_____	nemico	_____
sicuro di sé	_____	insicuro	_____
sincero	_____	bugiardo	_____

46 La letteratura in gioco

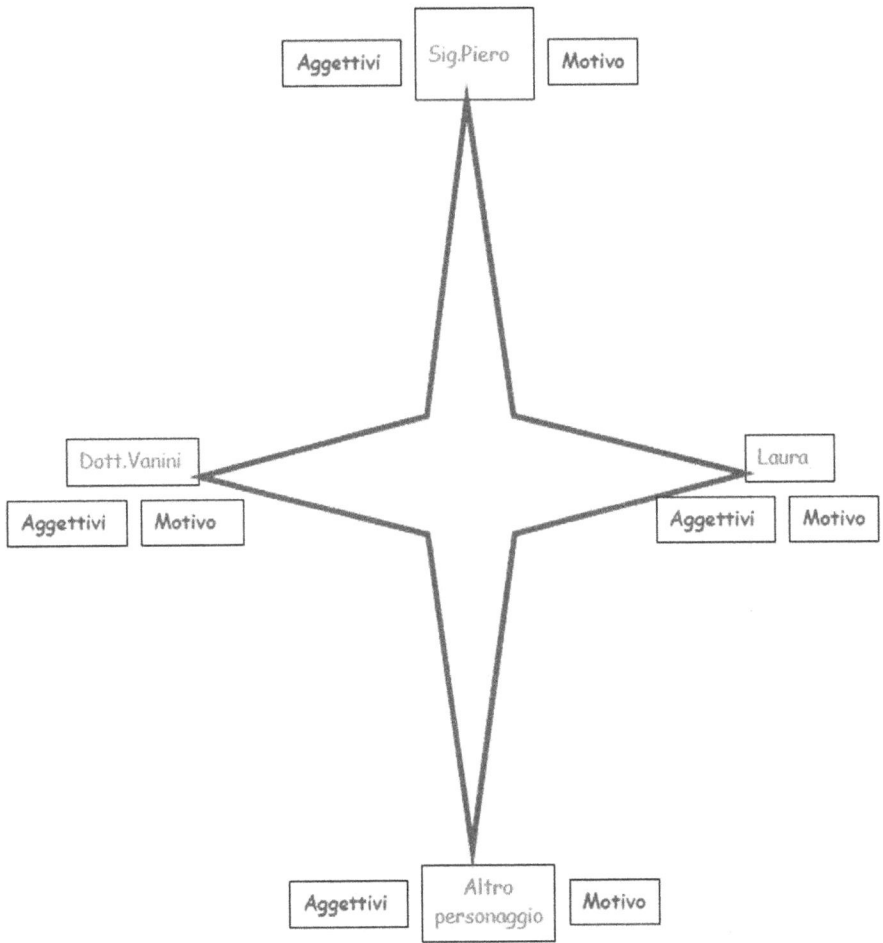

12. Dividete il gruppo in quattro specialisti, uno per ogni personaggio. Gli specialisti si riuniscono e discutono le motivazioni per la scelta degli aggettivi relativi al proprio personaggio facendo diretto riferimento al testo o a motivazioni rintracciabili nel testo. Poi ogni specialista ritorna al proprio gruppo di appartenenza e riferisce agli altri del gruppo quanto è emerso. Se tutti sono d'accordo si apportano le necessarie modifiche.

13. Ed ora cominciamo a giocare! Ogni membro del gruppo avrà 2 gettoni. L'insegnante leggerà ad ogni gruppo un aggettivo e il membro del gruppo che vuole rispondere dovrà giocarsi il proprio gettone per avere il diritto di rispondere. Chi risponde deve spiegare a chi corrisponde quell'aggettivo e perché, utilizzando la seguente impostazione:

_____ è _____ perché_____

Se gli altri gruppi sono d'accordo con la risposta data si procede con un altro aggettivo e un altro gruppo e il gruppo che ha dato la risposta guadagna un punto. Esauriti i propri gettoni bisogna aspettare che gli altri componenti del gruppo abbiano giocato i loro prima di poter recuperare i propri ed intervenire di nuovo.

Punti: _____

14. Ed ora leggete le prime ed ultime battute della storia...

> BANCO DI SAN FRANCESCO
> LO SPORTELLO È IN FUNZIONE
>
> BANCO DI SAN FRANCESCO
> LO SPORTELLO È PRONTO PER UNA NUOVA OPERAZIONE. BUONGIORNO SIGNORA MASINI. COME STA SUA FIGLIA?

..... e discutete con il vostro compagno di banco dei seguenti punti:

> Chi è in realtà il personaggio misterioso?
>
> C'erano elementi nella storia che facevano capire che il personaggio era in realtà un bancomat?
>
> Cosa contraddistingue questo 'Banco di San Francesco' dagli altri bancomat?

Fase III – Sintesi e verifica finale

La Conferenza Stampa

15. Immaginate di essere ad una conferenza stampa a cui sono intervenuti i quattro personaggi della storia per spiegare, secondo il proprio punto di vista, ciò che è successo. Siete dei giornalisti e potete fare domande ai protagonisti per poter poi scrivere il vostro articolo. Decidete insieme ai compagni di gruppo quali domande porre (massimo 10 domande a gruppo). ATTENZIONE: le domande devono essere coerenti con la linea editoriale del giornale che rappresentate.

> **Il gazzettino del Sud**
>
> *È un giornale sensazionalista. Tende ad esagerare le notizie pur di vendere. Trae conclusioni e giudizi senza averne le prove sicure. Il tuo editore ti ha chiesto di indagare specialmente su:*
>
> 1. *Quanti soldi ha preso il sig. Pietro?*
>
> 2. *Cosa ha fatto con i soldi?*
>
> 3. *Come ha fatto a prenderli?*
>
> 4. *Chi lo ha aiutato?*
>
> 5. *Perché li ha presi?*

> **Cronache italiane**
>
> È un giornale che si concentra sul lato umano delle vicende e tende a dare molti dettagli sulle persone implicate. Non è sensazionalista e si attiene ai fatti.
> Il tuo editore ti ha chiesto di indagare specialmente su:
>
> 1. Perché Laura ha tradito il marito?
> 2. Cosa ha trovato nel dottor. Vanni?
> 3. Cosa pensa ora del marito?
> 4. Perché l'altro personaggio ha aiutato il sig. Pietro?
> 5. Perché l'altro personaggio è stanco e disgustato?

> **Il Ventiquattrore**
>
> È un giornale serio. È contrario ai sensazionalismi e alla troppa attenzione data alle persone. Si attiene ai fatti cercando di esaminarne le motivazioni più nascoste.
> Il tuo editore ti ha chiesto di indagare specialmente su:
>
> 1. Com'è stato possibile che ciò accadesse?
> 2. Che tipo di controlli ci sono perché ciò non possa accadere di nuovo?
> 3. Come ha fatto l'altro personaggio ad agire indisturbato?
> 4. È già successo?
> 5. Potrebbe succedere di nuovo?

16. Ora poni le domande ai quattro personaggi e ricorda di prendere nota delle loro risposte. Queste ti serviranno poi per scrivere il tuo articolo.

L'articolo di giornale

17. Immagina ora di tornare in redazione per scrivere il tuo articolo. Prima però consultati con il tuo gruppo e ricorda: segui lo stile del tuo giornale o potrebbero licenziarti!

> **Il gazzettino del Sud**
>
> È un giornale sensazionalista. Tende ad esagerare le notizie pur di vendere. Trae conclusioni e giudizi senza averne le prove sicure.
>
> 1° compito: Decidete il titolo del vostro articolo.
> 2° compito: Fate insieme una scaletta di argomenti da trattare e una lista di aggettivi e frasi da utilizzare per descrivere ciò che è successo.

Modulo ludico di letteratura

Cronache italiane

È un giornale che si concentra sul lato umano delle vicende e tende a dare molti dettagli sulle persone implicate nelle vicende. Non è sensazionalista e si attiene ai fatti.

1° compito: Decidete il titolo del vostro articolo.

2° compito: Fate insieme una scaletta di argomenti da trattare e una lista di aggettivi e frasi da utilizzare per descrivere ciò che è successo.

Il Ventiquattrore

È un giornale serio. È contrario ai sensazionalismi e alla troppa attenzione data alle persone. Si attiene ai fatti cercando di esaminarne i motivi.

1° compito: Decidete il titolo del vostro articolo.

2° compito: Fate insieme una scaletta di argomenti da trattare e una lista di aggettivi e frasi da utilizzare per descrivere ciò che è successo

---

18. Compito a casa: *Scrivi il tuo articolo (circa 120 parole)*

19. Verifica finale

Svolgi la seguente composizione. Hai un'ora di tempo.

È trascorso un anno da quando è accaduto il fatto narrato nella storia. Sei un giornalista e intendi informare i tuoi lettori sugli sviluppi della vicenda. Scrivi un articolo in cui riassumi brevemente i fatti accaduti un anno fa e spieghi cosa è successo in questo periodo ai quattro personaggi della storia.

Note per l'insegnante

Utenza:. Una classe composta di 15-20 persone, ragazzi o adulti.

Testo letterario: Fratello Bancomat[11]

Supporti: Lavagna luminosa

Modalità: Lavori individuali  e di gruppo

Verifica: Durante le attività l'insegnante ha un feedback continuo tramite gli interventi, la partecipazione e l'attenzione degli studenti.

Introduzione: L'intera UD è presentata come un enigma da sciogliere. L'insegnante non rivela né il titolo né la prima ed ultima battuta del dialogo da cui si capisce che uno dei protagonisti è uno sportello bancomat. Anzi parla dello sportello come di un personaggio misterioso e reale. La prima e l'ultima battuta del dialogo sono rivelate agli studenti solo al termine della seconda fase dell'UD (vedi nota relativa all'esercizio 13)

Prima battuta:
> **Banco di San Francesco**
> **Lo sportello è in funzione**

e ultima:
> **Banco di San Francesco**
> **Lo sportello è pronto per una nuova operazione.**
> **Buongiorno signora Masini. Come sta sua figlia?**

Tutta la prima parte delle attività è finalizzata a formulare ipotesi sui personaggi e lo stesso bancomat sarà considerato come un personaggio misterioso da scoprire. L'insegnante può assegnare un nome a tale personaggio o deciderlo con il resto della classe così da dare l'impressione che sia una persona.

Tutta la UD è un gioco tra squadre che devono aggiudicarsi il numero maggiore di punti e vincere. I gruppi originali devono essere mantenuti per tutta la durata dell'unità ed i punti acquisiti ad ogni gioco-attività devono essere sommati per ottenere il punteggio finale e la squadra vincente. Quando i gruppi sono stati formati l'insegnante chiede ad ogni gruppo di scegliersi un nome che sarà mantenuto per tutta la durata del gioco.

---

[11] Il testo utilizzato in questa unità è tratto da Stefano Benni, *L'ultima lacrima*, I Narratori, Feltrinelli, Roma 1994, pp. 18-20.

Modulo ludico di letteratura

I Fase: Motivazione e approccio globale

Durata: tre ore, più circa mezz'ora di lavoro a casa.
Finalità: sviluppo delle abilità di elicitazione e di scrittura nell'ambito di un dato contesto, approfondimento lessicale.
Giochi: riordina le carte, indovina un po', se io fossi in lui

I ora: Esercizio 1

Questa attività 'jigsaw' oltre a essere finalizzata a creare curiosità permette anche ai partecipanti di fare pratica sull'intonazione e accentuazione della frase. L'insegnante dispone in fila al centro della classe sei sedie. Chiede a sei volontari di venire a sedersi. Ad ognuno è data una carta in ordine sparso sulla quale è stata scritta una battuta del dialogo d'inizio del racconto. Ogni studente legge la propria carta ad alta voce alla classe. L'insegnante ha, in questa prima fase, il compito di sottolineare l'importanza dell'intonazione e magari ripetere le frasi lette in modo da impostare l'intonazione e l'accentuazione della frase. Le prime sei battute da consegnare individualmente sono:

- *Buon giorno signor Piero.*
- *Buongiorno.*
- *Operazioni consentite: saldo, prelievo, lista movimenti.*
- *Vorrei fare un prelievo.*
- *Digitare il numero di codice*
- *Ecco qua ... sei, tre, tre, due, uno.*

Le prime sei battute sono riordinate in plenum dalla classe per assicurarsi che il gioco sia ben compreso da tutti. Quando la classe è soddisfatta dell'ordine, l'insegnante mostra un lucido con il giusto ordine. Chiede poi brevemente alla classe cosa pensano che stia succedendo e invita a fare prime previsioni sul resto della storia. Quindi dà inizio al gioco a squadre. La classe è divisa in tre gruppi. Il primo gruppo comincia a giocare. Altri sei volontari dell'altro gruppo sono chiamati al centro e si procede con le sei battute successive. Agli studenti è dato un tempo massimo di 5 minuti per decidere il proprio ordine. La seconda sequenza di battute è la seguente:

- *Operazione in corso, attendere prego.*
- *Attendo grazie.*
- *Un po' di pazienza, il computer centrale con questo caldo è lento come un ippopotamo.*
- *Capisco.*
- *Ahi, ahi, signor Pietro, andiamo male.*
- *Cosa succede?*

Allo scadere del tempo dato è effettuato il controllato in plenum ed è assegnato un punto per ogni battuta messa nella giusta posizione. Poi si procede con il secondo gruppo cui sono sottoposte le sei battute successive.

- *Lei ha già ritirato tutti i soldi a sua disposizione questo mese.*
- *Davvero?*
- *Inoltre il suo conto è in rosso.*
- *Lo sapevo.....*
- *E allora perché ha inserito la tessera?*
- *Mah.... sa, nella disperazione..... contavo magari in un suo sbaglio.*

Si procede alla verifica, all'assegnazione dei punti al secondo gruppo e al gioco con il terzo gruppo:

- *Noi non sbagliamo mai, signor Piero.*
- *Mi scusi infinitamente. Ma sa, per me è un periodaccio.*
- *È a causa di sua moglie, vero?*
- *Come fa a saperlo.*
- *La signora ha appena estinto il suo conto.*
- *Si. Se n'è andata in un'altra città.*

II ora: Esercizi 2-3-4

La prima parte di questa attività (esercizio 2 e 3) è svolta individualmente per permettere agli studenti di riflettere sul testo. L'insegnante potrà spiegare i termini non chiari ma non darà indicazioni sulla trama. I tre gruppi sono poi ricomposti e l'insegnante chiede al gruppo di consultarsi e scrivere una risposta comune ad ogni domanda che dovrà essere consegnata entro un tempo massimo di 10 minuti. È importante che gli studenti comunichino tra loro solo in italiano. Le risposte saranno raccolte e il punteggio sarà dato dall'insegnante solo alla fine della II fase (vedi esercizio 13) quando cioè tutta la storia sarà stata letta e capita.

III ora: Esercizio 5

Per assicurare la partecipazione di tutti i membri del gruppo l'insegnante può suggerire al gruppo di suddividersi le battute. In tal modo il primo scrive la prima battuta e passa il foglio al secondo che scrive la seconda e così fino alla fine dell'esercizio. Quando il dialogo è stato completato i gruppi potranno decidere insieme se apportare o no dei cambiamenti. Al termine del gioco l'insegnante chiede ai gruppi di fornire una copia delle battute scritte così da poterle controllare in dettaglio a casa ed assegnare un punteggio sulla base della correttezza grammaticale e logica. In alternativa l'insegnante può far leggere i dialoghi ai gruppi e confrontare in classe le versioni date dagli studenti rispetto all'originale. Se l'insegnante dovesse trovare troppo difficile far riempire tutti gli spazi può in alternativa fornire alcune o tutte le battute e chiedere ai gruppi di metterle nella giusta posizione.

Esercizio 6

La lettura completa della storia può essere effettuata in classe o a casa. La prima e l'ultima battuta non sono rivelate ancora per non svelare l'identità del personaggio bancomat. Tali battute saranno rese note agli studenti alla fine dell'esercizio 13.

Compito a casa: Esercizi 7-8

Il primo esercizio è finalizzato ad accompagnare la rilettura del racconto concentrando l'attenzione su alcune parole poco conosciute e utilizzate. Il secondo, chiedendo agli studenti di riutilizzare tali parole in un diverso contesto, mira a rinforzare l'abilità di utilizzo attivo delle stesse.

II fase: analisi e riflessione

Durata: due ore in classe, più 30 minuti di lavoro a casa
Finalità: riuscire a inferire da un discorso le informazioni relative ai parlanti, dare un giudizio e una sua motivazione basandosi sugli elementi concreti di una storia, sviluppare l'abilità di esposizione orale, approfondire il lessico relativo alla descrizione di una persona.
Giochi: io lo so, il gioco dei perché.

IV ora : Esercizi 9-10

L'attività è divisa in due momenti: uno di riflessione individuale e l'altra di confronto in gruppo. L'insegnante può sottolineare il fatto che vi possono essere risposte diverse alla stessa domanda e che la finalità non è quella di trovare la risposta giusta ma saper giustificare la propria scelta con motivazioni dedotte dal testo. Le risposte dei gruppi (esercizio 9) saranno raccolte dall'insegnante che le correggerà ed assegnerà il punteggio sulla base della coerenza tra risposta e motivazione data. Le risposte all'esercizio 10 saranno discusse al termine della fase II (vedi note ad esercizio 13) ma non avranno un punteggio.

V ora : Esercizi 11-12-13-14

Prima di cominciare le attività l'insegnante può controllare in plenum che tutti gli studenti abbiano compreso il significato degli aggettivi e può far notare che essi sono stati suddivisi in due colonne: la prima riporta l'aggettivo, la seconda il suo contrario. Alla fine di questa attività l'insegnante mostra ai ragazzi le prime e ultime due battute del dialogo e rivela il titolo della storia. Alla luce di questa rivelazione saranno confrontate le risposte date all'esercizio 10. Le battute mancanti sono

Banco di San Francesco
Lo sportello è in funzione

Banco di San Francesco
Lo sportello è pronto per una nuova operazione. Buongiorno signora Masini. Come sta sua figlia?

III fase: sintesi e verifica finale

Durata: Due ore.
Finalità: sviluppo dell'abilità di prendere nota, di preparare e ordinare gli argomenti per la scrittura di un testo argomentativo e verificare la comprensione dei tratti essenziali della novella.
Giochi: la conferenza stampa

VI ora: Esercizi 15-16-17

Questa attività ha lo scopo di far discutere ulteriormente gli studenti sul racconto che hanno letto. Prima di cominciare il gioco l'insegnante assegnerà i seguenti ruoli: il <u>segretario generale</u> che ha la funzione di conduttore della conferenza stampa, invita i giornalisti a fare le domande, mantiene l'ordine e chiude la seduta. I <u>quattro personaggi</u> della storia che dovranno rispondere alle domande poste dai giornalisti e dare la propria versione dei fatti. Essi saranno scelti tra gli specialisti che hanno partecipato al gioco precedente

Gli altri studenti, divisi in gruppi, impersoneranno <u>i giornalisti</u>. Ogni gruppo riceverà precise indicazioni sul tipo di giornale per cui scrivere l'articolo ed il tipo di domande su cui concentrarsi. Gli studenti avranno circa 10 minuti per prepararsi prima del gioco.

Esercizio 17

Durante il lavoro di gruppo anche gli studenti che hanno svolto il ruolo dei personaggi e di segretario generale ritornano al proprio gruppo di appartenenza e lavorano insieme ai compagni.

Esercizio 18

L'insegnante può consigliare ai ragazzi di consultare alcuni giornali italiani presenti su internet o può stampare alcuni articoli di cronaca che ritiene più adatti e darne copia ai ragazzi. Possibili siti possono essere:

> http://www.repubblica.it
> http://www.corriere.it
> http://ilmattino.caltanet.it/

Modulo ludico di letteratura

Soluzioni

5- Se io fossi in lui..
1. Come fa a sapere anche questo?
2. Non si preoccupi, sapevo tutto. Povera Laura, che vita misera le ho fatto fare... Con lui invece...
3. Come fa a dire questo?
4. Comunque, ormai è finita.
5. Beh, tre o quattrocentomila lire. Per arrivare alla fine del mese.
6. Non so se sarò in grado.

7- Trova le parole

P	E	R	I	O	D	A	C	C	I	O
					I					
C	O	M	M	O	S	S	O			
O					G		S			
N					U		P			
T		T	E	S	S	E	R	A		
O					T		R			
			S	A	L	D	O			
					T					
			C	O	D	I	C	E		

8- Inserisci le parole giuste
1. Saldo
2. Codice
3. Conto
4. Tessera
5. Periodaccio
6. Intossicati
7. Sparo
8. Commosso

6.
Conclusioni

Come evidenziato in questo scritto, l'attività ludica guidata ha la capacità di coinvolgere le persone in una dimensione globale, fatta d'aspetti fisici, mentali, emotivi, spirituali e relazionali difficilmente conseguibile attraverso altri approcci. In ambito didattico essa permette di insegnare divertendo, di mantenere vivo l'interesse degli studenti e di proporre un apprendimento attivo e non di tipo nozionistico. Nell'ambito della didattica della letteratura a stranieri la metodologia ludica permette agli insegnanti di attivare percorsi educativi innovativi proponendo un nuovo modo di confrontarsi con i testi letterari sicuramente più originale e divertente rispetto alle metodologie tradizionali. Tale approccio, inoltre, permette una sospensione della realtà e la creazione di un'atmosfera in cui si è meno timorosi di sbagliare e quindi ci si lascia più facilmente coinvolgere. Il gioco, infatti, alternando momenti di lavoro individuale e di gruppo, coinvolge in prima persona gli studenti ed è ben noto che le esperienze di conoscenza che rimangono più radicate nella nostra personalità sono proprio quelle che sono state connotate da vero coinvolgimento e interesse. Le attività ludiche inoltre richiedono la partecipazione attiva di ogni persona e l'utilizzo di giochi a squadre ha come conseguenza il continuo confronto e correzione reciproca. Ciò permette all'insegnante di modificare il proprio ruolo di *magister* e diventare un facilitatore dell'apprendimento, così lasciando la scena ai propri studenti che tornano ad essere i veri protagonisti della lezione.

Tale discorso è valido non solo nell'ambito della didattica a studenti giovani ma anche nei corsi per adulti. Secondo un giudizio critico diffuso tra molti insegnanti, il gioco sarebbe in antitesi con la didattica per adulti e in quest'ambito la parola apprendimento non può sposarsi con la parola divertimento. Certamente gli adulti hanno una maggiore difficoltà iniziale ad accettare il gioco quale metodo di apprendimento e a lasciarsi andare. Sarà in questo caso di grande importanza la presentazione che saprà fare l'insegnante e la sua capacità di guadagnarsi la fiducia degli studenti. Le motivazioni e gli scopi glottodidattici che lo spingono a proporre un'attività di tipo ludico devono essere chiare e i principi metodologici spiegati in modo esplicito. Spesso gli adulti di oggi – e quindi i bambini di ieri – ricercano quell'entusiasmo capace di coinvolgerli completamente e proprio attraverso l'esperienza del giocare l'adulto può essere facilitato a riconoscere aspetti di sé dimenticati o solo parzialmente utilizzati.

Speriamo che il gioco, contrastato dal perdurante pregiudizio che lo considera un'attività minore, improduttiva, distogliente dallo studio e dal lavoro possa essere riabilitato nell'ambito didattico e utilizzato sempre più spesso nelle nostre classi. Per la gioia di studenti e insegnanti.

Bibliografia

Appleyard, Joseph A.(1994) *Crescere leggendo, L'esperienza della letteratura dall'infanzia all'età' adulta,* Cinisello Balsamo (MI), Edizioni San Paolo.

Armellini, Guido (1994) "Inventare la letteratura: le 'domande leggittime'e l'imprevisto nell'educazione letteraria". In Bertolini, Piero (a cura di) *Sulla didattica,* Firenze, La Nuova Italia:239-262

Balboni, Paolo E. (2002) *Le sfide di Babele. Insegnare le lingue nelle società complesse,* Torino, Utet

Bateson, Gregory (1986) *Questo è un gioco,* Milano, Cortina Edizioni.

Caillois, Roger (1981) *I giochi e gli uomini. La maschera e la vertigine,* trad.it, Milano, Bompiani

Ceserani, Remo (1999) *Guida allo studio della letteratura,* Roma-Bari, Laterza.

Collie, Joanne / Slater, Stephen (1987) *Literature in the language classroom,* Cambridge, Cambridge University Press

Colombo, Adriano (a cura di) (1996) *La letteratura per unità didattiche. Proposte e metodi per l'educazione letteraria,* Scandicci (FI), La Nuova Italia Editrice,

De Luca, Carmine (1984) "Perché non ho scritto un manuale. A colloquio con Edoardo Sanguinetti", *Riforma della scuola* 6:3-35

Detti, Ermanno (2002), *Il piacere di leggere,* Firenze, La Nuova Italia

Enzensberg, Hans Magnus (2002) "Una modesta proposta per difendere la gioventù dalle opere di poesia", *Il teatro dell'intelligenza,* Novara, Interlinea: 71-75

Freddi, Giovanni (1979) *Didattica delle lingue moderne,* Bergamo, Minerva Italicam

Lazar, Gillian (1993) *Literature and Language Teaching,* Cambridge, Cambridge University Press.

MacDonald, Dwight (1962) "Masscult & Midcult" in *Against the American Grain,* Random House

Marchese, Angelo (1983), *L'officina del racconto. Semiotica della narratività,* Milano, Mondadori.

Marchese, Angelo (1985), *L'officina della poesia Principi di poetica,* Milano, Mondadori.

Messina, Raffaele (2003), *Educazione letteraria nella scuola riformata,* Napoli, Loffredo Editore.

Musetti, Gabriella / Pinna, Maria Luisa /Zappu, Giovanna, (1994) *Creatività e analisi del testo poetico,* Firenze, La Nuova Italia

Pelizza, Giovanna (2000) "La letteratura nella classe di lingua". In Dolci, Roberto / Celentin, Paola (a c.di.) *La formazione di base del docente di italiano per stranieri,* Roma, Bonacci Editore: 211-226.

Picchiassi, Mauro / Zaganelli, Giovanna (1992) *Contesti italiani,* Perugia, Guerra Edizioni.

Renzi, Lorenzo (1991), *Come leggere la poesia,* Bologna, Il Mulino

Rovatti, Pier Aldo / Zoletto, Davide (2005), Milano, Bompiani.

Staccioli, Gianfranco (2002) *Il gioco e il giocare,* Roma, Carocci.

Staccioli, Gianfranco (2004) *Culture in gioco. Attività ludiche per l'apprendimento,* Roma, Carocci.

The University of Nebraska–Lincoln does not discriminate based on gender, age, disability, race, color, religion, marital status, veteran's status, national or ethnic origin, or sexual orientation.

www.ingramcontent.com/pod-product-compliance
Lightning Source LLC
Chambersburg PA
CBHW081022040426
42444CB00014B/3312